《中华文明史话》彩图普及丛书

庙会史话

《中华文明史话》编委会　编著

中国大百科全书出版社

图书在版编目(CIP)数据

庙会史话／《中华文明史话》编委会编著．—北京：中国大百科全书出版社，2019.7

（中华文明史话：彩图普及版）

ISBN 978-7-5202-0424-8

Ⅰ．①庙…　Ⅱ．①中…　Ⅲ．①庙会－风俗习惯史－中国－通俗读物
Ⅳ．①K892.1-49

中国版本图书馆 CIP 数据核字（2019）第 005575 号

丛书责编：胡春玲　马丽娜
责任编辑：李晓琴
技术编辑：贾跃荣
责任印制：邹景峰

中国大百科全书出版社出版发行
（北京阜成门北大街 17 号　邮政编码：100037　电话：010-88390317）
http://www.ecph.com.cn
新华书店经销
北京美图印务有限公司印刷
开本：720×1020　1/16　印张：7　字数：78 千字
2019 年 7 月第 1 版　2019 年 7 月第 1 次印刷
ISBN 978-7-5202-0424-8
定价：18.00 元

《中华文明史话》编委会

《庙会史话》
本书编撰：黄翊轩

序

北京大学教授 辛德勇

我不是一个科班出身的历史学工作者，基础的中国历史知识，几乎全部得自自学。所谓“自学”，也就是自己摸索着读书。在这个过程中，一些篇幅简短的历史知识小丛书，给我提供过非常重要的帮助，是引领我步入中华文明殿堂的有益向导。按照我所经历的切身感受，像这样简明扼要的小书，对于青少年和其他普通读者了解中国的历史文化，应当会有更大的帮助。现在摆在读者面前的这套《中华文明史话》彩图普及丛书，就是这样一部中国历史知识系列专题读本。

编撰这样的历史知识介绍性书籍，首先是要保证知识的准确性。这一点说起来简单，要想做好却很不容易。从本质上来讲，这是由于历史本身的复杂性和认识历史的困难性所造成的，根本无法做到尽善尽美；用通俗的形式来表述，尤为困难。好在读者都能够清楚理解，它只是引领你入门的路标，中华文明无尽的深邃内涵，还有待你自己去慢慢一一领略。

这套《中华文明史话》彩图普及丛书，在首先注重知识准确性的基础上，编撰者还力求使文字叙述生动、规范，深入浅出，引人入胜；内容则注重富有情趣，具有灵动的时代色彩，希望能够集知识性、实用性、趣味性和时代性于一体；选题则努力契合社会公众所关注的问题；同时选配较多图片，彩色印刷，帮助读者更为真切地贴近历史。

生活在物质文化高度发达的当代社会而来学习久已逝去的历史知识，经常会有人提出为什么要读这些书籍的问题。中国古代士大夫对历史知识价值的阐释，是“以史为鉴”，即在现实社会生活中特别是处理政务时借鉴历史的经验。历史知识这一功能，直到今天，依然存在，但并不是与每一个人都有直接的关系。对于大多数社会普通民众，尤其是对于青少年朋友来说，我想，历史知识虽然既不能当饭吃，也不能当衣服穿，但却是人类精神不可或缺的基本营养要素。读史会使人们的头脑更为健全，智慧更为发达，情操更为高洁，趣味也更为丰富。

目录

CONTENTS

引　言

庙会是中国民间流传甚广的一种传统民俗活动。它历史悠久，在发展过程中融汇了多种社会文化和风俗，凝聚着人们的精神信仰、思想感情、道德风尚和审美趣味，成为人们物质生活、精神生活和文化生活的重要组成部分。

《辞海》对“庙会”如此定义：庙会亦称“庙市”。中国的市集形式之一。唐代已经存在。在寺庙节日或规定日期举行。一般设在寺庙内或其附近，故称“庙会”。《北平风俗类征·市肆》引《妙香室丛话》：“京师隆福寺，每月九日，百货云集，谓之庙会。”

这个定义点明了庙会的几个

重要特征——有固定的举办日期，一般依附于寺庙，商业贸易的职能突出。

庙会，顾名思义，既要有“庙”又要有“会”；“庙”为“会”提供场所，“会”即于“庙”发生的行为。庙市中的“市”所指代的商业贸易即其经济职能，是“会”的重要组成部分，但并不是庙会的全部。“庙会”兼具祭神、娱乐和贸易交流等多重功能，“庙会”“庙市”混为一义，是历史发展的结果。

纵观庙会的历史发展历程，可以这样来概括：庙会从古代的宗庙祭祀、社祭活动及民间信仰中孕育而生；经汉、唐、宋时期，融入佛教、道教的宗教信仰和民间娱乐形式，逐步形成；明、清时期进一步完善和发展，并达到兴盛，其商贸功能日渐突出，逐渐成为人们经济生活、精神生活和文化生活的重要组成部分；此后，经近世科学文化的渗透，又有了现当代的嬗变，庙会获得了重振。

从庙会的演变过程来看，它经历了由祭祀活动而产生，因娱乐大众而发展，因商品交换而兴盛的动态发展过程；从庙会活动的主题上看，一开始占主宰地位的对神的崇拜渐渐衰弱，为人服务的主旨逐渐加深；从活动的内容上看，艺术、游乐、商品交易等逐渐上升到主体地位，庙会愈加地世俗化，深受广大人民群众喜爱。

一

原始信仰　庙会之始

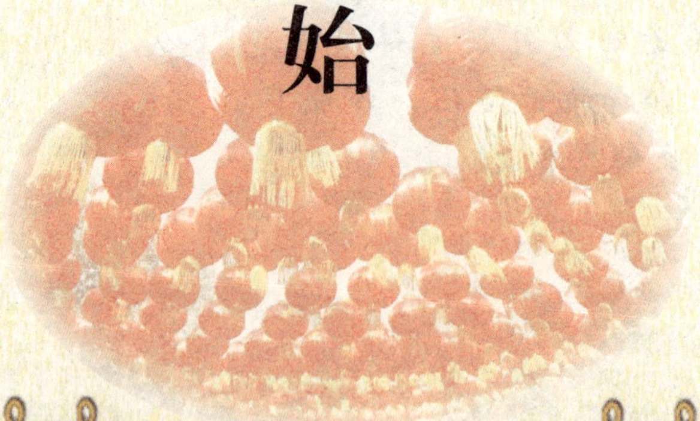

庙会是中国民间流传甚广的一种传统民俗活动。所谓民俗，是指在某个民族或社会群体中，由广大民众所创造、享用和传承的生活文化。庙会就是这种生活文化的一个有机组成部分，它的产生、发展和演变都与人们的生活密不可分。庙会从古代的宗庙祭祀、社稷活动及民间信仰中孕育而生，后融入宗教信仰和民间娱乐形式而逐步形成，明清时期进一步完善和发展并达到兴盛，经近世科学文化的渗透，又有了现当代的嬗变。

1. 庙会的起源

庙会的出现与宗教信仰密切相关。早期的庙会仅是一种隆重的祭祀活动，随着经济的发展和人们交流的需要，庙会由“娱神”逐渐转为“娱人”，在保持举办祭祀活动的同时，逐渐融入集市交易活动，其商贸交流的功能越来越突出。所以，庙会由祭祀活动而产生，因娱乐大众而发展，因商品交换而兴盛。

自远古就存在并且发展完备的宗庙祭祀活动为庙会提供了心理基础和仪式基础，是庙会的远源；汉魏之后，佛道二教兴盛，以寺庙宫观为中心的盛大宗教活动带动了市肆贸易的商业繁荣，这对后世庙会的塑造更为直接，可称为庙会的近源。宗庙制度对庙会的形成及其发展具有重要意义。

早期庙会是围绕着庙宇进行的群体性信仰活动。庙的概念，在古代社会，尤其是在远古时代，显然不是佛寺道观所能概括的，它的含义更广泛。庙最早在什么时候出现，现在还不得而知。《释名·释宫室》中指出："庙，貌也，先祖形貌所在也。"这指明了庙的作用——供奉祖先偶像。庙是祭祀祖先神明的场所。进入阶级社会后，宗、庙、社、郊等相继建立，为祭祀提供了更为规范、制度化的形式。庙会就在这些仪式、仪礼的浸润下有了雏形。

具体来说，宗、庙、社、郊都有祭祀的功能，但因它们的祭祀对象不同，故而既有不同的祭祀场所，又有不同的礼法制

辽宁喀左东山嘴祭祀遗址

度。中国的宗庙制度是祖先崇拜的产物，宗祭祀的是宗祖，即同族中有血缘关系的各分支共同崇祀的对象；庙最初也为祭祀祖先而设，比宗的单位要小。古时宗庙制度十分严格，通常天子七庙，诸侯五庙，大夫三庙，士一庙，庶人不准设庙。同时，宗庙也是供奉历朝历代帝王牌位、举行祭祀的地方。汉代以后，庙逐渐与原始的社即土地庙相混。社是祭祀一方鬼神、祈求一方平安的场所。后来随着佛教的传入，也有人将佛教寺院称为庙。可见，庙的概念不断扩展，祭祀的对象也尤为丰富。郊与城市相对。郊祭是自然崇拜的产物，是农业祭拜，主要目的是祈求风调雨顺、土地丰收。宗、庙、社、郊的祭祀观念为庙会文化的形成和发展打下了基础，后世庙会中各种各样的香火社、鼓乐社等，都与此有着深厚的渊源。

说到庙会的形成，须首先提及远古人们对于灵魂不灭、人神可以沟通的信奉。从某种意义上来说，庙会就是人与神之间、人与自然之间、人与祖先之间的特殊对话空间。在这样一个空间内，语言沟通并不是唯一的手段，对话往往是在载歌载舞的浓郁氛围下进行的。

人们按照自己的理解和认识，选择自己认为最合适、最虔诚、最有效的方式来进行这种跨界沟通。人们还按照自己的生活方式来为神灵们设计各种理想的生活行为。比如庙会的一项重要的活动是向神灵供献祭品，这些祭品经演化传承逐渐固定为我们在后世庙会上常常能看到的各种“供奉”，包括牺牲（多为牲畜）、玉帛、酒和各种礼器（或称神器）等，这些祭品涵盖了人类生活的吃、穿、住、用、行、乐等各个方面。除供奉丰厚的祭品，人们还会举行虔诚的祭祀活动。一般而言，庙会都是遵照时序来安排的，多在相对固定的时间进行。祭祀、祭拜都属于定时性的常祭，区别于求雨、禳灾等临时性、突发性的非常祭，这对于庙会的形成有相当重大的意义。另外，直接支配原始庙会文化的心理基础——原始信仰（包括灵魂崇拜和自然崇拜），是依附、相伴着原始歌舞等艺术活动而具体存在的，所以原始庙会从开始就表现为歌舞祭神和歌舞娱神，为后来庙会活动的内容和形式奠定了基础。

江苏铜山丘湾商代社祀遗址

河南安阳后冈商代祭祀坑遗址的人骨和铜器

庙会并非形成于一朝一夕，它在原始社会及史前时期就已萌生；庙会仿佛一条汹涌不息的长河，融汇了各个时代的社会文化和风俗，反映着人们的精神生活和文化生活。

2. 庙会的发展

早期的庙会是围绕庙宇发生的全民性祭祀活动。从商代甲骨卜辞的记载可知，当时的庙会有祭祀活动、诗歌乐舞、巫风

商代祭祀狩猎涂朱牛骨刻辞

等丰富的内容。夏、商、周三代之前的庙会和崇神基本是一体。真正意义上的民间庙会，则是在后来的阶级社会逐渐形成的。

秦代以前，庙会的形态大体是稳定而单一的，人们以此敬祀神灵、愉悦身心。

两汉时期，小乘佛教开始传入中国，宣扬身死神在、因果报应、轮回再生、布施济贫等教义。神道设教，统治者借外来的佛教维护其统治，广大人民也有意无意地选择了佛教，满足

西汉滇人祭祀场面贮贝器

自己对虚幻的幸福彼岸的追求。再加上佛教徒的宣传，佛教思想渐渐深入人心。随着佛寺建筑的遍地开花，佛教教义的广泛宣扬，庙会的内容有了向多元化转变的契机。

同时，道教也在这一时期逐渐形成。佛、道二教之间展开了激烈的生存竞争。一是大肆修建寺庙、道观；二是广泛争取信徒、招徕群众。为此，两教都在宗教仪式上增加了取悦大众的内容，如舞蹈、戏剧、出巡等。这些内容既有利于教义的普及和传播，又满足了善男信女、寻常百姓的精神娱乐需求，两教也因此得到了极大的发展。

可见，随着佛教的传入和道教的兴起，固定的宗教活动场所即寺庙宫观逐渐形成。这些宗教场所聚集信徒举行盛大的宗教法事活动，由此带动了寺庙宫观及其附近市肆贸易的商业繁荣，逐渐形成了集宗教活动和市肆商贸为一体的综合性社会活动，促使庙会的整体格局朝着多元化发展。这一时期所形成的庙祀制度、宗教政策、民间信仰、社会观念等，为后世庙会的发展打下了坚实的基础。最为重要的是，在民间文化(包括民间庙会)大力发展的同时，宗教力量的增强从根本上改变了庙会的格局。随着中外文化的交流、各民族的大融合、文化的活跃和繁荣，崇佛、崇道成为庙会的内容之一，之后更成为庙会中一种不可小觑的文化现象。

魏晋南北朝时期，由于社会动荡，灾难频频，人们生活在苦难之中，对现实普遍感到失望，进而转向信仰佛教。加之统治阶级也大力推崇佛教，这促使佛教迅猛发展，并深入社会的各个阶层和领域，与中国传统思想文化碰撞交会。“南朝四百八十寺”的诗句从一个侧面反映了南北朝时期佛教的盛行。在魏晋南北朝特有的社会背景下，庙会具有鲜明的宗教特色。北魏孝文帝迁都洛阳后，每年都要在释迦牟尼诞辰举行佛像出巡活动。其时，洛阳各寺庙将千余尊佛像恭送至景明寺，场面宏

河南巩县石窟北朝皇帝礼佛图

大，盛况非凡。这也成了唐宋以来迎神、出巡活动的渊源。出巡期间，宝盖幡幢等宗教仪仗随行，音乐百戏、诸般杂耍更为其增添了几分热闹，出现了全城骚动甚至万人空巷的热闹场面。

隋朝崇信佛教，唐朝则首崇道教。经过帝王们的倡导，道教文化迅速地繁盛起来。庙、台、祠、宫、观、庵等道教建筑分布密集，这为日后庙会的发展奠定了基础。此外，唐朝统治者还对佛教进行了进一步改造、利用，使之渗透到以庙会等为表现形式的民间信仰中。目前保留下来的唐代碑文中，有关庙会的内容相当多，这也是许多学者认为自唐代以来才有庙会的重要原因。

隋唐时期，庙会经过了前几代漫长的发展和演进，在祭祀礼仪、娱神艺术及商业贸易等方面，都表现出成熟的特征。无论在城市还是在乡村，庙会都得到充分的发展。庙会在某种程度上成为地方人民生活中的重要内容，比之前几代的庙会规模更大，内容也更丰富。

由于统治者的支持，加之当时开放的文化氛围，佛、道都进入到各自的全盛时期，坛醮斋戒、水陆道场等名目繁多的宗教活动应运而生。原有的民间信仰活动也纷纷与佛、道相结合，活动场所也由乡间里社逐渐转移到了佛寺道观。此外，民间的各种社、会等组织也会在佛、道二教举行节日庆典时主动前往助兴。这样，寺庙道观便逐渐转变成以宗教活动为依托的群众聚会场所。宗教活动也越来越世俗化，很多活动还由民间俗众协办。这种变化不仅大大增强了这些活动自身的吸引力，而且随着群众性、娱乐性的加强，各宗教活动中的商贸气息更加浓厚，庙会活动得到进一步的发展。

庙会文化是时代的需要，特别是庙市的发展，更久远地影响到后世庙会的形态变化。商贾为庙会吸引了更多的民众，影响了庙会文化艺术的发展，从而使其更具魅力。这也是唐代庙会文化的一个重要特征。

宋代庙会文化在唐代的基础上进一步发展，再次出现了大繁荣的局面。道教神仙崇拜在民间庙会中更系统化、丰富化，并与佛教相交融。北宋都城东京开封府商贾云集，市民阶层的审美趣味影响着庙会中民间艺术的发展。商贸、艺术、信仰、游乐融为一体，成为宋代庙会的一大特色。

宋代庙会期间，社火是吸引百姓的重要活动，同时还是人们娱神悦己的基本方法。所谓“社火”，是指融合了歌舞、戏曲、杂技的游览性民间娱乐活动。竹马、高跷、旱船等应有尽有。社火和神戏，是庙会中民间文艺的基本组成部分。宋代庙会的空前繁荣，除了表现在民间活动的活跃上，还表现在大量修建名祠方面，即为当代的名人建祠，这与宋代格外尊奉城隍庙的文化政策是一体的。

明代，手工业空前繁荣，这不仅刺激了生产力的进步，也促进了经济和文化的发展，促使资本主义萌芽产生。在这种背景下，庙会的举办比以往任何时期都要繁密。

明代庙会有一个重要的特点，就是“行会”的大量兴起使庙会更加秩序化。所谓“行会”，是同城市中同行业的手工业者或商人为抵御竞争而建立起来的联合组织。比如中原地区出现的许多“山陕会馆”，常为敬祀关羽而立祠建庙，特别是建造戏楼等祭祀场所，这使庙会的影响进一步扩大。

河南社旗山陕会馆悬鉴楼

清代沿袭明代传统，从繁荣的市井到偏僻的乡村，庙会都办得热火朝天，成为广大民众精神生活的重要内容。这一时期，庙会进一步完善和发展，商贸功能更加突出。

1949 年后，承载着传统功能和传统形式的庙会得到了有效的改造，许多庙会被改造成物资交流大会。改革开放以后，不少传统庙会得到恢复，再加上新办的一些庙会，共同成为人们

北京地坛庙会

经济生活、精神生活和文化生活的重要组成部分。逛庙会已经成为人们喜爱并积极参与的民俗活动。

3. 庙会的特征

(1) 区域性

区域性是庙会最为显著的特征。从庙会的起源和嬗变过程可以看出，庙会在不同的地域具有不同的特点。庙会以“庙”为中心，是一定地区社会、经济、文化、道德、伦理和各种信仰观念的产物。同时它又以与庙宇有关的一些传说的语域为基

地域特色浓郁的武汉归元庙会跑竹羊民俗表演

础，影响着特定地域人民的信仰。俗话说，“南人好佛，北人好仙”，南方庙会和北方庙会因地域不同而表现出不同的文化特征。正是这种差异使得庙会在各个地区具有十分鲜明的特点和重要的文化意义。

庙会的区域性特征在很大程度上与民间信仰联系密切。很多地方的民众将当地庙宇中的神灵当作他们的保护神。许多地方的庙会传说都提到，当地的风土美景、珍奇特产等都是由庙宇所供奉的神灵所赐予或者带来的，这使当地人民能够安享幸福，所以民众自然对神灵感恩戴德、顶礼膜拜。这种现象说明，当地人民敬奉庙宇中的神灵，不仅奉其为保护神，更尊之为监护神，这体现了当地人民的道德观念、价值观念和淳朴的理想愿望。

(2) 时节性

庙会作为一种特殊的民俗现象，之所以不同于其他形式的民间信仰，就在于它必须在一定时节举行。这是在漫长的历史发展中形成的，是从无序到有序的规律性体现。

庙会的时节性特征集中体现在它和农耕文化的紧密联系上，这是以中国所处地理位置和特殊的社会历史条件为背景而形成的特色。庙会尤其以春日庙会居多，其举办在一定意义上是为农耕服务的。春耕之前、春耕后到夏收之前，是相对农闲的时节，这个时候举办庙会，为即将到来的农事做些准备，是春日庙会最直接的意义。

庙会的时节性特征还体现于其常在神佛和英雄人物的诞辰或忌日举办。民间广为流行的观音庙会、关帝庙会、岳王（飞）庙会，都是以其诞生之日作为会期，成为当地一种特殊的节日，并代代相承。

(3) 集体性

庙会具有很强的社会功能，其主体是民众，是普通老百姓。

参与人数众多的北京地坛春节庙会

廟
會
庙会入口
Entrance

庙会不是被观看的，而是众多老百姓集体参与的社会活动。无论是古代的传统庙会，还是现代的新式庙会，最显著的特征就是参与人数众多。必须有相当大的社会规模，才能构成庙会，这就是庙会的集体性。动辄成千上万人的规模，不仅显示着庙会深受群众喜爱，更显现出庙会所形成的文化内涵具有普遍性。

(4) 神秘性

早期的庙会是人神沟通的场所，人们希望于此实现人神之间的对话，通过祭祀行为来表达祈福禳灾的愿望。在传统庙会上，“巫”的地位相当高，原因之一便在于他们在庙会神秘性的表现和形成中具有非常重要的作用。神秘性在庙会中扮演了重要的角色，它可以形成一种特殊的心理力量，使人敬仰神灵，获得心理上的愉悦，放下精神上的负担。

此外，庙会还有继承性与变异性相统一、民族性、狂欢性等特征，它们与上述几个特征共同形成了庙会文化的基本特点，使庙会成为社会发展中一种独立的社会形态。各特征之间相互依存，区域性和时节性描述了庙会存在的空间和时间，集体性反映了庙会发生的主体，而神秘性则体现了庙会的文化风格、外在标志。

4. 庙会的功能

在人们的生活中，庙会的作用是多方面的：既能祭祀先祖神明、表达信仰、净化心灵，又能通过各种民间文艺演出来娱神娱己，还能增进友谊、加强团结、交流信息、传播文化。其他诸如促进商业贸易、带动旅游观光等，更显示出庙会的多重性职能。

庙会上祭祀先人的供品

(1) 娱乐身心

从心理上来看，长期辛苦的劳作、单调的生活容易让人感到枯燥和烦闷，传统社会礼教的束缚也令人压抑，需要一定的“出口”来疏导、宣泄长期累积的不良情绪。作为一年中难得的娱乐休闲活动，庙会恰恰提供了这样一个平台。既娱神又娱己，人们可以在庙会活动中得到暂时的休息和放松，缓解紧张的情绪。庙会祭拜中的祈祝行为，也很大程度上纾解了人们因对升官发财、升学生子等方面的热切期盼而产生的焦虑和烦躁。丰富多样的庙会活动和节目，可以让人们忘记烦恼，身心愉悦。

(2) 传播文化

传统庙会尤其是以历史人物为主神的庙会有着浓厚的文化气息。庙会举办的时间也多为庙中主神的诞生日或忌日，这本身就是一种纪念。关于主神的神话和传说也通过庙会得以广泛流传，影响深远。

另外，庙会也是展示与传承当地民俗的重要平台，传统祭祀民俗活动的搬演延续、传统戏剧及其他文化活动的集中展示，传统手工艺品的规模亮相，传统民间小吃的汇聚……无不证明，庙会定期地展示和宣传传统民俗文化，对民俗文化的延续、传承起着重要的作用。

庙会上展示的传统技艺——吹糖人

(3) 促进信息传播和贸易发展

由于庙会可以聚集民众，明代时，地方政府曾定期在庙宇中宣讲“圣谕十六条”，到清代，地方上的“均田均里”工作也多在城隍庙或其他庙宇中进行。此外，政府还常将一些公告张贴于寺庙中，庙会也因之成为传播信息的重要场所。

从商贸的角度看，一次庙会往往就是一场大规模的商品交易会。琳琅满目的手工艺制品、杂耍文玩、书画吃食……应有尽有。可以说，庙会促进了商品流通，对活跃城乡贸易、丰富人们的物质生活起到了积极的作用。

福建漳州文昌阁庙会图(清)

(4) 规范社会生活

传统社会，国家政府对地方信仰多有干预和管理，许多兴盛的庙会文化被纳入国家信仰，朝廷通过派遣官员祭祀等措施来影响、引导民众。同时，规范化的庙会仪式也具有强烈的内省和道德教化功能，能够引发民众自省，起到教育民众的作用。另外，庙会是人们平日单调生活的调节器，给民众带来了精神的慰藉，有利于社会的和谐和稳定。

(5) 表达信仰

中国人对生命哲学的探求和精神寄托的追求从未停息，如果说，传统各家思想学派贡献了各自形而上的积极思考，民间

热闹的北京白云观春节庙会

生活则提供了更多带有人间烟火气的智慧。庙会最初的主要功能之一是娱神，虽经社会变迁，庙会表达信仰的功能却未改变。随着社会的发展，庙会逐渐增加了娱人和经济的功能，但藉由庙会表达信仰的娱神活动不仅并未消失，还得到了发展。人们对伏羲、女娲、老子、妈祖等人神的祭祀和供奉从未止息。

总的来讲，中国庙会具有以下几种具体功能：娱乐身心、传播文化、促进信息传播和贸易发展、规范社会生活、表达信仰。随着社会的发展，庙会娱乐身心的功能越来越突出，也越来越重要，使庙会形成了巨大的文化向心力。在这里，宗教与世俗艺术共放异彩，民间艺术的精华集中呈现，形成庙会文化

南京栖霞寺庙会舞龙表演

独特的兴奋点。

庙会的发展经历了不同的阶段并日益多元化、复杂化，原始风韵、宗教信仰、现代气息交融，形成了如今丰富多彩的庙会文化。考察庙会有多种角度，比如时间角度、地理（空间）角度等。我们从庙会根本性质的角度，将庙会大略分为原始始祖神庙会、宗教信仰庙会和世俗性庙会。

二

悠悠古风　庙祭始祖

原始始祖神，指史前社会发展中人们所传说的那些原始信仰中的神灵。在历史的链条上，他们属于中国古史的传说时代，对民族心理塑造和华夏文明塑型意义重大。淮阳太昊伏羲陵庙会、西华女娲城庙会、桐柏盘古山庙会等是典型的原始始祖神庙会。

1. 淮阳太昊伏羲陵庙会

河南淮阳是豫东平原南部的一座古城，据史书记载，是三皇之首太昊伏羲氏的故都与葬地。伏羲发明了结网捕猎的办法，并让人们把捕来的动物饲养起来，还教族民保留火种将动物烘烤后食用，此外，他还根据各部落的特征，给杂处群居的人们定姓氏，建立了一夫一妻嫁娶制度，根据白龟龟背纹理始画了先天八卦……被尊为中华民族的人文始祖。据传说，伏羲为“蛇身”“龙形”，“以龙纪，故为龙师而龙名”，创立龙图腾，被誉为龙的祖先。因此，淮阳享有“龙都”美名。

为纪念伏羲，歌颂其功德，后人在淮阳建了陵庙。据史书记载，自春秋时淮阳已有伏羲陵墓，汉代以前在陵前建祠，唐宋后，不断扩建，唐太宗李世民为保护陵墓，使其不受破坏，还曾颁诏禁民刍牧并设守陵户，宋太祖赵匡胤也曾诏立陵庙，至明清两代又屡加修葺扩建，便留传下了如今规模宏大的太昊陵。

每年农历的二月二日到三月三日，这里都有时间长达一个月的朝祭“人祖爷”伏羲的民间庙会，俗称“二月会”，又称太昊陵庙会。据说，淮阳“二月会”规模十分宏大，创造了多项世界纪录：祭祀人数最多——每天多达一二十万人；连续祭祀时间最长——持续一个月有余；受祀香火最盛——香池内贡香

人祖伏羲像

成把成捆，青烟日夜不息，高达数丈……这自然与华夏儿女敬宗崇祖的无比热情直接相关，另一方面也说明，这里多样的祭祀方式及其深厚的远古文化内涵更是以其独特的魅力深深吸引着人们。

太昊陵庙会上进香祭祖的人群

(1) 浓厚古风 不惧时变

“二月会”上演的舞台太昊陵，俗称“人祖庙”，是中国最大的古帝王陵寝，中国三十六处中华故土园之一，十八大名陵之冠。几千年来，中华民族对伏羲这位“斯文鼻祖”的祭祀代代承袭。直至今日，“二月会”祭俗仍然保持着民间自发的性质。

与太昊陵正门午朝门相对，渡善桥南，有座圆形石砌高台，上画太极八卦。渡善桥俗称“面桥”，即和“人祖爷”见面的意思。虔诚的香客便在此处招呼唢呐，排好贡品，高举内绘人祖画像的纸牌房或香塔列队进发。

从午朝门进入，沿陵墓中轴线依次经玉带桥、道仪门、先天门、太极门，进入太昊陵中心大院。北面首见者即俗称大殿的统天殿，殿前有月台，古为祭台，据说可容千人同时跪拜；殿内塑有“开天立极”的伏羲捧卦造像。

太昊陵先天门

过统天殿北行，依次是显仁殿、太始门、八卦坛，再后即太昊伏羲陵。陵墓形制上圆下方，取天象地形。陵墓周长45丈（约150米），高8丈（约27米），可谓举世无双。

太昊陵先有陵，后有庙，再有祭祀。由于民间对人祖尊崇备至，种种关于太昊陵来历的动人传说就渐渐流传开来。说法不一，却并行不悖，百姓津津乐道，不证其伪。

太昊陵庙

“二月会”为何始自二月二，终于三月三？“二月二，龙抬头”，“三月三，南瓜葫芦地里钻”，客观上来说，以农为本的中华民族在春耕将至、万物萌生的季节祭祖，可谓正合时宜。说起“二月会”的源起，可一直溯至远古以祈求人口繁衍为宗旨的仲春之会。“仲春之月，令会男女，于是时也，奔者不禁，若无故而不用令者，罚之。”（《周礼·地官司徒》）其时还有“以太牢祠于高禖”（《礼记·月令》）的国家行为。所谓“高禖”，即“高媒”，被认为是掌管生育繁衍的始祖神。

神话传说中伏羲、女娲兄妹成婚，便顺理成章、责无旁贷地担任起繁衍人类这一圣职。淮阳“二月会”祭祖祈祷，自然也离不开人口繁衍、作物丰产的原始主题。

太昊陵显仁殿东北角高台有一方青石，青石上有个圆孔，可容手指伸入，俗称“子孙窑”，相传不育妇女摸了子孙窑便能得子。从它光滑发亮的程度，不难看出信众之多。淮阳流传的伏羲、女娲成婚的神话传说应该是这一习俗的文化源头。

太昊陵内的子孙窑

“二月会”还有“拴娃娃”的生殖崇拜习俗。所谓“娃娃”，是指一种用黄泥捏成，再烧制后涂上色彩的泥人。原先在太昊陵西配祀有女娲观，观内有泥娃娃。求嗣妇女进观祷告后偷偷用红头绳拴在泥娃娃脖子上，将泥娃娃用红布包住，迅速藏在衣襟下，并喊着自己起的吉祥名字一路回家，藏到床底下，祈求来年生个胖娃娃。若心愿得遂，人们无不相信孩子是人祖奶奶女娲所赐。现在女娲观已拆除几十年了，泥娃娃也被塑料娃娃所替代，但这一求子习俗并未止息。如今显仁殿后殿成了拜女娲、拴娃娃的好去处。

人祖爷伏羲和人祖奶奶女娲像

“二月会”的生殖崇拜习俗，除摸子孙窑、拴娃娃外，还有被研究者视为原始祭祖巫舞遗风的“担经挑”舞蹈。淮阳当地人也称“担经挑”为“担花篮”，因为这种民间舞蹈以花篮作道具。此舞为太昊陵所独有，祭祀对象是女性始祖女娲，舞者多为老年妇女。这种舞蹈只传女，不传男，更平添了一份神秘感。舞者全身穿黑衣，头包黑纱，脚穿黑鞋。每班四人，三人担经挑，一人打竹板、唱经歌。舞蹈时从头垂至脚跟的黑纱互相绞缠，伴以寓男女相交的剪子股步或履迹步，散发出强烈的原始生殖崇拜的气息。经歌唱词多与伏羲、女娲有关，比如这首歌颂人祖功德的经歌："南无。开天辟地，三皇伏羲，手托八卦，身穿蓑衣。进了午门，狮子把门，八砖砌地，柏树成林。南无。天皇，地皇，人皇，伏皇。南无。天皇，地皇，人皇，伏皇。""担经挑"的舞蹈既是颂扬伏羲、女娲繁衍人类等功绩的祭祖形式，也是求子还愿的一种形式。淮阳为古时陈国故地，崇尚巫风、盛行巫舞的风俗自然源远流长。

(2) 庙会圣物——"图腾化石"泥泥狗

如果说太昊陵种种朝祖祈子的祭俗以活生生的表现形式顽强地传承着原始文化，构成一个有形有声的动态世界，以保证"二月会"行之久远的话，那相对而言，还有一个具有同样功能的"无声胜有声"的静态文化载体，它便是享有"真图腾""活化石"美称的淮阳一绝——泥泥狗。

淮阳"二月会"圣物——蛙形泥泥狗

泥泥狗是“二月会”上最有特色的民间工艺品，是淮阳泥玩具的总称，有500多个品种，囊括形形色色的奇禽异兽，风格古朴，造型特异，具有原始艺术的鲜明特征和浓厚的文化内涵，被当地人视作祭祀人祖的圣物、吉祥物。

由于泥泥狗一般只在“二月会”这段固定的时间、太昊陵这个固定的地点出售，加之民间信仰认为泥泥狗有消灾祛病、佑人吉祥平安的奇效，选购泥泥狗就成为“二月会”一道独特的景观。

据说把买回的泥泥狗投入井中，全村人饮用后都能得人祖保佑而不生病。泥泥狗尤其是儿童的爱物。看到赶会回来的“老斋公”(淮阳民间对朝祖会会员的称呼，多为老年妇女)，孩子们会唱起童谣讨要泥泥狗。听到“老斋公，慢慢走，给只泥泥狗，您老活到九十九”的喜歌，老斋公自然非常高兴，慷慨相赠泥泥狗；听到“老斋公，慢些走，快快给俺泥泥狗，要不给俺泥泥狗，回家死您老两口”的诅咒，她们也不生气，照样会从口袋里抓出一把泥泥狗撒到地上让儿童争抢。若无人争要泥泥狗，还被视为不吉利。可见民间百姓对泥泥狗喜爱颇盛。

关于泥泥狗的起源，民间艺人都说“自有太昊陵，就有泥泥狗”。其制作工艺也是代代相传，照着人祖传下的老模子制作，不可更改。民间把泥泥狗叫“陵狗”“灵狗”，为人祖守陵、有灵气之谓也。既然有这般神圣之功能，自然是不能随便更改容貌的，否则就不得与人祖相认、灵气全无了。

造型各异的泥泥狗组成了一个充满魅力的远古神话世界。泥泥狗中很多怪兽异禽，都可以在《山海经》中找到依据或参照，研究者多视之为图腾文化的化石。伏羲统一各氏族图腾，集成了龙图腾，各分支图腾氏族齐到龙都朝会，后来演变成制作图腾圣物供在太昊陵。得到泥泥狗能得人祖保佑这一民间信仰的文化背景便是：泥泥狗是作为图腾圣物存在的，也是传播人祖圣德于四方的象征。

泥泥狗还有更为原始的生殖崇拜的意蕴：每一种禽或兽的下部或翅上，均有鲜明的女性生殖器官纹饰，更有许多双头兽或合体双兽之类寓意交媾繁衍的造型。最独特的有“人面猴”“草帽虎”“八卦小香龟”等。其中“人面猴”似人又像猴，被民间视为人祖奶奶女娲的造像，也是泥泥狗中唯一的人形造像；“草帽虎”即虎顶草帽，与“伏羲女娲成婚，女娲结草为扇以障其面”的神话传说渊源匪浅，也许还是古时汉族婚礼新娘之“红盖头”的由来；“八卦小香龟”，龟背彩绘八卦造型，是“神龟负图”伏羲画卦神话的摹写。

泥泥狗全以黑色作底，体现了华夏民族以黑色为正色的传统，点彩多用红、黄、粉、白、青几色，色调古朴鲜艳，纹饰

淮阳“二月会”圣物——人祖猴形泥泥狗

丰富多彩。

(3)“二月会”上的龙风虎韵

龙在号称“龙都”的淮阳，尤其在二月朝祖会上，是时时可见、不可或缺的“神物”。满街朝祖进香的老斋公手中都举着三角形锯齿会旗，旗有青、黄、红诸色之分，旗上名称有“×乡×村朝祖会”之别，却几无例外地绘有龙形图案，让人感受到扑面而来的古俗龙风。

据载，昔日二月朝祖会，南船北马汇聚淮阳，均以龙旗为导。现在虽有更现代的车作为代步工具，车上依然要有一人(一般是朝祖会的会首)高打龙旗，既标明自己的来处，又起着引导、集聚会众的作用。龙的子孙以龙旗作标志，是对先祖功德的认同，亦可视作对龙图腾族徽的传承。

布老虎是河南布玩具中首屈一指的一类，“淮阳布虎”又

淮阳“二月会”上的布老虎

是河南布老虎中极有代表性的一个地方品种。其颜色虽有深浅之别，却均以鲜亮的黄色为正。庙会期间正是这一民间工艺品集中亮相的最佳时机，一街两行，大大小小，参差排列，煞是可观。

虎是兽中之王，民间一直将其奉为消灾镇邪的瑞兽、神物。淮阳流传着这样的民谣："小猴孩，你别哭，给你买个布老虎，白天耍着玩，黑夜吓'麻胡'。"妇女拍哄儿女时经常哼唱。麻胡，据说是"麻祜"的谐音。麻祜是隋炀帝手下大将，生性残暴，相传曾蒸食小儿。民间百姓视之如恶鬼，于是做布老虎放在小孩身旁镇除之。

在中国最早的门神神荼、郁垒的传说中，虎就扮演着食鬼的角色。兼之其威猛的自然本性，虎渐渐成为具有辟邪、却敌、逐怪、镇宅等意义的吉祥物而为民众所喜爱和崇拜。

淮阳布虎有鲜明的地方风格：头部扁平，体态丰满，虎身纹饰都以手工绘制。背部多加"福""吉"或"太昊伏羲陵"等字样以应时需。布老虎大有尺余，小不过一二寸长，有单头虎、双头虎两种。双头虎又称虎头枕，可供枕卧，既有观赏性，也不乏实用性。联想到淮阳泥泥狗中众多双头造型的怪兽，双头布虎的蕴涵也颇耐人寻味。

2. 西华女娲城庙会

女娲是中国神话谱系中一位古老的女神，也是最有影响力的女神。传说伏羲和女娲兄妹结成夫妻，同为人类始祖。女娲曾炼五色石补天，用黄土造人，治洪水，杀猛兽，让人得以安居乐业，被后世奉为民族母亲神，世代崇拜。

根据传说，西华是女娲的主要活动区域和唯一建都之地，后人在这里修"女娲坟"，建"女娲阁"以瞻拜。在河南省周口

女娲补天(《山海经校注》插图)

市西华县聂堆镇，至今仍保留着规模盛大的崇祀祭拜“人祖奶奶”女娲的庙会，称女娲城庙会。

女娲城位于西华县聂堆镇思都岗村西北角，据考古发掘，城内出土有大量釜、罐、鬲、瓮、瓦等春秋时期遗物，城墙下压着商周甚至更早时期的古文化遗址。结合当地的神话传说，可以判断，这里很早就有了崇祀女娲的传统及相关建筑。

如今的女娲城是20世纪90年代在女娲城遗址附近的女娲古陵处动工兴建的，占地60余亩，有牌坊门、女娲陵、补天殿、娲皇宫、伏羲殿、三皇殿、三清殿和两侧廊房等仿古建筑。供奉的主神是女娲。

女娲城庙会的会期主要集中在农历正月初三至二月初二，其中正月十五为盛会期。另外，每月初一、十五为例会。这一会期的安排跟中原地区多数庙会相近——以农业为主的地区，民间信仰活动主要在农闲时展开。

女娲城庙会之际，四方民众蜂拥而至，人山人海，据说能达数万之众。庙会上善男信女有的高举香表，有的手执彩旗，在陵前烧香祭拜。另外，也有老斋公担经挑、唱经歌、烧香许愿等活动，跟淮阳太昊伏羲陵庙会相似。

女娲城庙会的核心内容在于根深蒂固的女娲文化。自远古传唱下来的女子经歌和歌谣，贯穿于庙会活动的始终。

庙会上所唱的经歌有些属于现代新创，有些则来自传承，特别受到民俗研究者的重视。比如：

女娲娘娘打哪儿来，头没有帽子脚没有鞋，
身披胡衣泪满腮，一心二心制世界。
制下星星和月亮，制下太阳和四方，
制下大道有人走，制下小路有人行，
制下运河通汴京，制下五谷田苗生，
制下儿女享太平。
我把世界全造好，真心善人来进宝，
我把世界制停当，真心善人来进香。
叫你传，你就传，浑身铁锁管解完，
叫你传，你不传，三灾八难到眼前。

女娲娘娘来传经，千万别当耳旁风，
传好讲好女娲经，代代平安立善功。

这是“表神功”的歌谣，自古传承不衰，百姓们借歌颂女娲来规范、约束自己的行为。还有的歌谣是专唱兄妹合婚的，也颇有价值：

女娲为妹伏羲哥，二神生长华胥国。
据说那时无人类，同胞兄妹把亲合。
妹打主意难哥哥，各人爬上一高坡。
对山烧火火烟交，两烟相交把亲合。
两股火烟相交了，妹妹出题不愿合。
隔河梳头隔河拜，头发交合咱也合。
哥哥下水就过河，妹上一坡哥一坡。
隔河相拜来梳头，哥妹头发绞成坨。
头发成坨妹又变，心生一计逗哥哥。
隔河栽柳隔河拜，柳梢相交把亲合。
哥也拜来妹也拜，两棵柳梢相交合。
哥哥你莫欢喜早，我的主意还很多。
对门对岭对过坡，各把石磙推下坡。
两扇石磨合拢了，石磨相合人也合。

另外，女娲“显灵”的事迹也在庙会上广为流传，反映出当地百姓对美好生活的向往，同时也增强了庙会的吸引力和凝聚力。

女娲城庙会以女性居多，且占主导地位，她们通过祭拜、歌唱等形式表达生活愿望，满足精神需求。这也是女娲城庙会的一大亮点。

3. 桐柏盘古山庙会

在河南南部桐柏、泌阳两县交界的地方，即泌阳县陈庄乡境内，有座盘古山。传说此山就是创世大神盘古开天辟地、繁衍人类、造化万物的地方。人们为了纪念盘古，便在山上修建了盘古庙，庙里塑有盘古像。每年三月初三，这里会举行规模盛大的庙会。

(1) 神功开天地，盘古享崇祀

根据现存资料记载，盘古山上盘古庙的修建至迟在宋代之前。如今盘古庙大殿门外的院内，有一座清代光绪年间所立的石碑，可证清代曾增建、修葺过盘古庙。盘古庙的修建，显示着作为神话人物，盘古在当地人民中具有重要影响。

民间流传有“自从盘古开天地，三皇五帝到如今”的说法。盘古神话较早出现在三国时期的《三五历纪》

盘古画像

《五运历年纪》中，《述异记》《博物志》《开辟演义》等典籍中也都有较为详细的描述。

盘古山，传说曾经是茫茫大海中的一座孤山，盘古氏当年站立其上，挥斧举凿，开天辟地。当地流传最广的盘古传说讲道：

很早的时候，盘古爷出来溜达着玩儿，站在一块石头上，看看没有天，也没有地，四下一摸，黏糊糊的。他闷坏了，掏出来斧子和凿子，乒乒乓乓地抡了半天，用凿子凿出了星星，用斧子砍出了两个窟窿，大的是太阳，小的是月亮。他还嫌不够，又四下里砍一阵子，累得淌一身汗，擦一把，一甩手，高的是山，平的是地，沟里的汗变成了水，又一甩手，起了风，啥都有了。这块石头就是盘古山，盘古爷在此种花植树，山上山下一片红绿，吃喝不完，玩耍不腻。之后，盘古在山上与盘古奶奶滚磨成亲，繁衍人类，教人渔猎农耕，帮人治服水患，并创造文字、婚丧礼仪，明长幼秩序。

盘古山称不上高耸，却也有统领周遭群山的地位，“嵩首殿其北，荆沔包其南。右枕熊耳之岭，左朝桐柏之山。”古人云，“山不在高，有仙则名”，何况这“仙”是大名鼎鼎、开天辟地的盘古！盘古庙之建、盘古山庙会之兴也就顺理成章、水到渠成了。

(2) 攀山表虔诚，祭拜各有心

盘古山周围的人们将盘古奉为至高无上的神灵，并加以虔诚祭拜，不仅是因为盘古有开天辟地、创造人类的伟大功业，还因为他们把盘古视为庇护其安居乐业的保护神。

每年春天，盘古山一带的人们都要祭祀盘古爷，俗称盘古会，会期一般自三月初三开始，持续5天。

来盘古山朝拜的人，大体上分两类。一类来自盘古社，以中年男性为主，他们朝拜盘古爷是为了求得风调雨顺。盘古社的人从其特殊的行装就可以轻易辨别：他们往往用被单裹起香表，斜挎在身后，还要带上一盘大绳，绳上系着红布条或红丝线。上山时，会首把绳子系在身上，在前面牵引着盘古社的其他人往上登攀。另一类以妇女为主，她们朝拜盘古爷主要出于求子的目的。在山脚下，她们郑重地在胸襟上系好红丝线、红布条儿，还有人带着铃铛，先磕几个头再上山。常常是几个老太婆或几个青年妇女结伴而行。求子的仪式很简单，口头许愿即可，多为老太婆替媳妇许愿，口中念叨："盘古爷爷，盘古奶奶，您行个好，给俺添个小孙儿。我给您请场大戏，好酒好菜款待您，一年四季给您请安问好，叫儿孙一辈子都记着您。"

朝拜的人中，领着小孩子来盘古庙磕头求庇佑保健康平安的也很常见，此外还有怀着祈求盘古爷保佑家兴业旺、发财增产等世俗愿望的。

盘古山庙会祭祖活动一般是有组织地进行的。盘古山周围分为四大域，各有域长。每年三月的朝祖会由四域长轮流主持，担任会首。会首负责会期治安的维持、祭祀活动的安排、香火收入的使用等重大事务。

唱戏和烧香是盘古山庙会最重要的两件大事。各盘古社都会自发组织响器班子，三月初三一早便在会首的带领下，一路上燃放着鞭炮，吹吹打打，登上山顶。到了盘古庙前，更是使足气力，纷纷拿出绝技，以表示对盘古的虔诚。

盘古庙位于盘古山的主峰。沿台阶自庙门而入，门廊两侧分立着四大天王塑像，个个魁梧雄劲，威风凛凛。过了门廊，是直径约 3 米的圆形焚香池。许多人在池前排队叩首焚香。池内热气升腾，火苗高达 1 米，旁边的鞭炮声更是不绝于耳。绕过焚香池便是中殿，殿内供奉着儒、佛、道三教的始祖孔子、释迦牟尼和老子的神像，三教如此置于一庙而又放在同一殿供奉的，在中国恐怕别无二家。盘古庙所独具的在神界一统开放的态势可见一斑。

盘古庙的正殿是中殿后院的盘古大殿。盘古彩塑立于殿中央，3 米多高，身着槲叶，手持日月明镜，目光炯炯；两侧分立着三皇五帝的塑像。作为主殿，这里永远是赶会人最集中的地方。

由于有盘古兄妹成婚的传说，盘古庙主庙之外还有配庙，供奉盘古奶奶。盘古奶奶庙位于盘古山主峰西侧的山腰上，与盘古庙遥遥相对，规模要小得多，但香火同样很旺，尤其聚集了很多带着求子使命而来的信众。

盘古大殿前有一座砖砌的约一间房大小的“香炉”，专供善男信女焚烧香表。香炉根部留有数十个方孔，既可以通风而使香火更旺，又可以从孔中扒出香灰，供人们烧鸡蛋和烤馍用。

据当地风俗，人们认为既然盘古爷能开天辟地、繁衍人类，那么自然可以佑人福禄、治百病、辟灾邪。他们用祭祀盘古所烧的香表灰来烤鸡蛋，鸡蛋便有了盘古“神力”，有盘古爷附上的灵气。鸡蛋用香灰烧熟后，有的当时剥壳食之，有的则小心翼翼地拾入篮子，带回家去。

传说盘古爷爱干净，庙会过后，盘古山总要下一场小雨，人称“净山雨”，以此把人留在山上的污秽冲洗干净。朴素而又原始的思想支撑着这里的人们安居乐业，故有俗语称：“东西南北搬，不如盘古山。”

三

道境佛光　虔诚众生

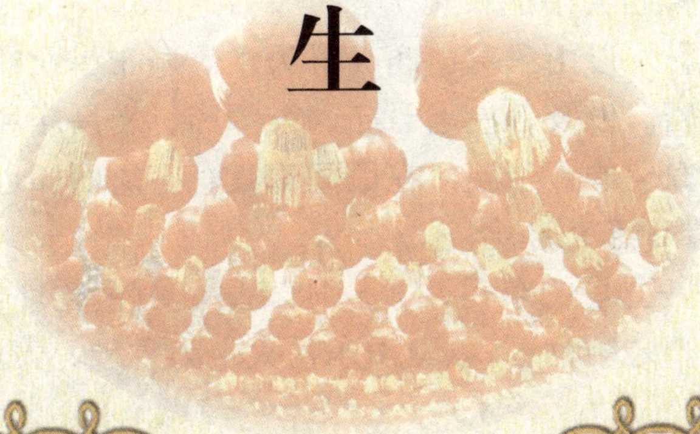

具有宗教信仰意义的庙会主要有两种：一是道教神庙会，二是佛教神庙会。崇道庙会内容复杂，这与道教体系庞杂息息相关；崇佛庙会以观音庙最为普遍，影响也最大。可以这样说，始祖神庙会为整个中国庙会文化铺了底色，道教神庙会就是在此基础上发展起来的，而佛教神庙会的进入打破了传统的民俗文化格局，使整个庙会文化呈现出多元化的面貌。由此可见，中华民族传统的民间信仰对人们生活和宗教信仰都具有深刻影响，宗教信仰对民间信仰也具有反作用。

1. 尊道崇祖的道教庙会

道教神庙会中的神祇大都是土生土长的，呈现出异常浓郁的本土色彩。以山东泰山庙会群为主，遍布华北的东岳大帝庙、碧霞元君庙，以及各色老君庙、天师庙、文昌庙和玉仙圣母庙，包括被道教化的黄帝庙，在民间都具有广泛而深远的影响。

(1) 泰山东岳庙会

泰山是五岳的东岳，“庙居泰岳，山镇乾坤。为山岳之至尊，乃万神之领袖”，以泰山东岳大帝为主神、泰山天仙玉女碧

泰山东岳庙一景

泰山东岳庙全景

霞元君为辅助的东岳庙会，不仅在山东泰山有极大的声势和影响，更辐射到以华北为主的许多地区。

泰山东岳庙会的会期有两个，一个是农历三月二十八，一个是农历四月十八，前者是传说中的东岳大帝的诞辰，后者则是碧霞元君的诞辰。

东岳庙会属于典型的道教氛围浓郁的庙会，不过，它并不是在道教兴盛之后才出现的。先秦时古人已经有了泰山祭祀活动，秦始皇封禅泰山，以及后世帝王延续不断的祭祀活动，对泰山庙会的形成和发展都起着不可忽视的作用。而道教活动则起到了使其定型和在更大范围内传播的积极作用。

唐宋两代，帝王崇道，泰山神不断被敕加封号，“天中王”“天齐君”“天齐大生仁圣帝”之谓接踵而至，东岳庙及泰山神像也不断得到修塑，可以看出，统治者的提倡对东岳庙会活动起到了重要的促进作用。历经元、明两代，东岳庙会的规模和

泰山东岳庙会进香香炉

影响进一步扩大，遍布广大中原地区。在明代著名小说《水浒传》中，出现了对东岳庙会的直接描写，可以从一个侧面看出明代东岳庙会的盛况以及不同于以往的新面貌——碧霞元君所受祭祀与崇拜越来越广泛，影响越来越大，甚至超过了东岳大帝。

据说宋真宗封禅泰山得“玉女”石像，于是“命有司建祠安奉”，名为“昭真祠”，封“天仙玉女碧霞元君”。明朝时，昭真祠更名为“灵应宫”，后又大规模扩建为“碧霞宫”。道教对碧霞元君进一步神化，赋予其统摄岳府神兵天将、照察人间善恶之事的超强职能。

不仅历代统治者认可并推崇元君崇祀，信奉碧霞元君的民间信众更是比比皆是。明《东岳碧霞宫碑记》载：“自碧霞宫兴，而世之香火东岳者咸奔走元君。近数百里，远即千里，每岁办香岳顶数十万众。”游历甚广的明散文家张岱也称其“香火之盛

碧霞元君像

为四大部洲所无”。

碧霞元君在民间信众的眼中，几乎和佛教中大慈大悲的观音菩萨相当，具备送子、佑生、救危扶难等能力。当然，元君的信仰者也以女性居多。

民众通过赶庙会烧香磕头，来崇祀祭拜碧霞元君，希求获得的不仅是实际生活的改善，也有心灵的安慰。

(2) 嵩山中岳庙会

中岳庙原是为了祭拜中岳神而设，是道教在嵩山地区最早的基地。至今仍保留着许多古老的习俗，如“拴娃娃”“拜干爹”“摸铁人”等。

“拴娃娃”的习俗因有祈福、纳祥、求子的美好寓意而在中国民间广泛流行，在前面太昊伏羲陵庙会上已介绍过了。在中岳庙会上也有此习俗，只不过祭拜的对象由人祖爷、人祖奶奶换成了嵩岳大帝和嵩岳娘娘。拴娃娃的地点一般都在中岳庙

嵩山中岳庙

后院的崇圣门周围和寝殿里。求子的民众在嵩岳大帝、嵩岳娘娘的塑像前燃香叩头，许愿要男或要女，并在“娃娃”脖子上用红头绳系成蝴蝶结状。

妇女们许愿后，将娃娃带回家，放在床头或苇席下。若如愿以偿生下孩子，则应在孩子周岁时到中岳庙里向嵩岳娘娘还愿，作为对嵩岳娘娘施子之恩的报答。

中岳庙崇圣门东侧有 4 尊铁人，铸造于宋代治平元年(1064)，是中国现存形体最大、保存最完好的“守库铁人”，人称“镇庙铁人”。孩子周岁时，要到中岳庙的铁人前举行挂锁仪

中岳庙的“镇庙铁人”

式。首先要把铜锁或银锁挂在铁人的臂膀上，让孩子焚香叩头，再将锁取下挂到孩子的脖子上，这就意味着锁是铁人送给孩子的礼物，孩子受到铁人的保护，以后会平安健康。这种习俗称为“挂锁”，又称“拜干爹”。

另有传说，若身体的哪个部位疼痛不适，只要摸摸铁人相应的部位，病痛就会减轻甚至消失。虽然是传说，但这种观念在民间流传已久，不少人也愿意试一试。

(3) 鹿邑老君台、太清宫庙会

河南鹿邑县敬祀老子的地方，最隆重的是老君台，其次是太清宫。老君台位于鹿邑县城东北隅，相传为老子传道和升仙之处；太清宫位于鹿邑县城东十里，相传为老子的诞生地。

①老君台庙会

老君台高13米，由8个平面围成柱林，象征八卦图案，也象征得八方风雨。据载，唐代之前，此地已有老君台及其建筑群。原台上有正殿三间，其内有木神龛，供奉老子铜像。殿前立有二碑，左刻“犹龙遗迹”，右刻“道德真源”。台南面有一通道，自下至上共33级青石砌就的台阶，意为老子在33重天之上；台东南侧立有一铁柱，高7尺，径8寸，俗称为“赶山鞭”，有说是老子曾为柱下史(官名)的标志，也有说是当年老子铁鞭驱赶隐阳山、鞭打黄河的“圣迹”。当地更流传着有关老子的传说：

作为造化万物的大神，老君的第一大功劳即鞭打黄河，驱赶山岳。他的铁鞭经八百年锤炼始成，神力他物莫比。当时黄河为患，四处充满灾难。老君手提自己炼就的铁鞭，一鞭打在三门峡，打出鬼门、神门、人门三关，又接连往东打了九九八十一鞭，于是，黄河便有了八十一道弯。

又有传说道黄河原为黄龙，吞吐日月为戏，祸害人间，老君用铁鞭驯服了它。

老君像

赶山的传说也与治水有关：原来东方山峦如森林般稠密，河流淤塞，老君举鞭驱打，山峦飞出，从而五岳分立：留在原地的为东岳泰山，西去中原的为中岳嵩山。其中西岳华山陡峭奇险，传说因打得太狠而形成。

在鹿邑还传说鞭打的是隐阳山。隐阳山原在鹿邑境内，高耸入云，遮天蔽日。为了让光明普照人间，老君将它打散飞出，分为五岳，赶到东海化为礁石。

今天老君台的铁杆就被视为当年老君使用的铁鞭。人们不仅极力吹捧铁鞭的神奇功能，还把它“落实”到人间——信众们相信，人若用手摸摸，就能感应其神力，得到老君的帮助，达到消灾解难的目的。

在台前，左右各有一处配殿，分别供奉着王灵官和赵公明的塑像。这也是各处道教宫观中常见的神祇。

财神赵公明像

王灵官名善，死后被玉皇大帝封为“先天主将”，司天上、人间纠察之职。其形象一般为红脸庞，三目；披坚甲，执钢鞭，作为镇守山门的神。

赵公明也叫“赵公元帅”，是道教所奉财神。传说他能驱雷役电，除瘟疫，祛灾难，还能在买卖求财时让人得到便利。其形象一般为黑面浓须，头戴铁冠，手执铁鞭，身跨黑虎。

每逢初一、十五两日，

常有人焚香设供，至农历二月十五日老君台大会为最盛。

殿周围植有松柏树，庙会期间，这些树也成了“神树”，树上拴满了红线，树下摆放着黄表纸包的“金砖”和箔制的“元宝”。

物资的交流和文艺表演也是老君台庙会的常设项目。契合庙会烧香祈愿的主旨，庙会集市销售的祭祀物品主要是香表、鞭炮、香烟、酒类、点心和纸币，以及供奉的老君神像和香客食用的饭食。娱乐点距离祭祀的中心稍远，主要是戏剧和杂技演出，沿街还有丰富多彩的民间文艺活动。各街道的两旁都是交易场所，交易商品也充分体现出对老子崇拜的特点。

②太清宫庙会

据《后汉书》和《鹿邑县志》记载，太清宫始名“老子庙”，建于东汉延熹八年(165)。据说汉桓帝曾两次派大臣到鹿邑朝拜老子，建老子祠，立老子祠碑。此后，唐、宋、元、明、清等历朝历代典籍中都有皇帝亲谒或派大臣前往拜谒的记载。唐朝帝王对老子更是尊崇有加，自称老子后裔，尊老子为圣祖，以老子庙为家庙，所以太清宫建筑风格与长安宫十分相近，气势宏伟壮观，建造精致华丽。

宋徽宗赵佶像

宋帝好道，宋徽宗赵佶自称道君皇帝，曾为老子的

《道德经》作过注释；宋真宗曾拨国库银重建太清宫，使其规模比唐时更大，并于宋大中祥符七年（1014）亲率群臣前往朝拜，册封老子为“太上老君混元上德皇帝”。

北宋靖康之乱中，太清宫很多建筑都毁于兵火，金代虽重修，但已难以恢复元气。元朝统一后，统治者十分重视道教，颁旨保护太清宫。元代末年，太清宫因屡患水灾，大部分建筑被毁。直至清康熙年间，才在原址上重建了太极殿，但规模已远不如昔日。今存建筑主要有太极殿、三清殿、三圣母殿和娃娃殿等。

太清宫三清殿

太清宫圣母殿

1997 年，考古专家在太清宫发掘出一处大型文物古迹群，含龙山文化遗址、西周墓葬、东周夯土基址和大型马坑、唐宋建筑基址和碑刻及明清建筑。发现的大量祭祀器具证明，历代祭拜老子在太清宫、祭拜李母在后宫，同文献记载完全吻合。

(4) 莆田妈祖庙会

妈祖是中国最著名的海神，早在郑和下西洋之前数百年，妈祖就已经成为东南沿海地区人们信奉的神祇。“妈祖”是闽南人对这位解危排难的航海保护神的最高尊称，北方则多以封建统治者对妈祖褒封的最高爵位——“天后”来称呼她，但由于广泛的民众基础，“妈祖”这一称呼还是得到更多的认同。

关于妈祖的身世，有不少充满神奇色彩的传说，如“窥井得符”“乘席渡海”“机上救亲”“白日飞升”等，反映了信仰妈祖的人们美好的愿望、奇妙的想象。妈祖不是从天而降、不食人间烟火的神仙，她诞自民间，是因有功于民才被人们奉为神祇。多数人认为她生于宋太祖建隆元年（960）农历三月二十三日。这也是莆田妈祖庙会会期之一的由来。相传妈祖飞升是在九月初九，于是这一天也顺理成章地成为妈祖庙会的会期。至于正月十五，属于传统的民间喜日，常被作为各类庙会的举办日期，妈祖庙会自然也不例外。

据说妈祖能“通悟秘法，预知休咎；乡民以病告，辄愈”。她以拯危救难为乐，经常在海上巡游，多次救护遇难渔民及商人，被人们称为神女、龙女。民间还传说神女有防御水旱疫疠之灾等“法力”，每有祈祷，皆应验。后来，妈祖得道飞升，也有说是她因搭救遇险船只不幸身亡，后人以“人行善事，死后为神”之说视她升天为神。妈祖飞升后，出海的人们纷纷传说，在狂风恶浪中，经常见到有位红衣女子在桅杆上导航，直到化险为夷才消失。一系列的灵异事件越传越神，妈祖的神力成为

莆田妈祖庙

超自然的力量。

莆田的妈祖信仰自北宋发轫后，到了南宋中期已相当普遍。宋代文学家刘克庄记道："妃庙遍于莆，凡大墟市，小聚落，皆有之。"可见其分布范围之广。

妈祖从地方神升为全国神，是由多方面因素共同促成的。首先，依照中国传统的阴阳五行观念，水属阴，由"秉坤仪"的女神来"司水德"管领四海顺理成章。同时，从心理层面来看，人们选择女性的形象作为海神崇拜也不无道理，妈祖的形象慈祥、亲切，能给人以慰藉，加强人们的团结，激励人们发挥潜在力量战胜险恶环境。

其次，宋代以后，最受人们尊崇的观音菩萨被中土化为女身，观音大慈大悲、救苦救难的形象被妈祖的信仰者"移植"到妈祖身上，这促使观音的广大信徒对妈祖产生亲切感和信任感，因而乐道其事、奉其为神，从而扩大了妈祖信仰的影响力。

再有，也是非常关键的一点，即妈祖得到了官方的认同与推崇。宋徽宗宣和五年(1123)，宋朝派给事中路允迪出使高丽国，船队在海上遇到飓风。危难之时，忽见桅杆上红光闪耀，此后风浪渐息，船队转危为安。路允迪大感惊奇，后被告知是妈祖显灵，便在还朝复命时将途中奇遇上奏皇帝。宋徽宗听后下诏赐给妈祖庙"顺济"匾额。这是妈祖神迹第一次由民间传入朝廷，并得到确认、嘉奖。此后，这种叠奖褒封持续不断，大大推动了民间的信仰崇拜和庙祀。

随着海上交通和海外贸易的不断发展，特别是明代郑和七次下西洋时供奉妈祖为保护神之后，妈祖信仰的传播范围迅速扩大，妈祖成为颇具影响力的海神。

从妈祖信仰的起源来看，妈祖的"诞生"最初是出于民众海上生命安全的需要，其神职主要也是保护海航。当妈祖的形象在民众中扎根以后，自然而然被赋予了更多超出其原有神职

妈祖塑像

的事务，百姓“岁水旱则祷之，疠疫祟降则祷之，海寇盘亘则祷之”。妈祖信仰的内涵，依人们的企望和社会的需要日益丰富，而封建统治者对妈祖的褒封则在另一层面促进了这一转变，妈祖形象从单一的海上保护神转为亦文亦武、有求必应的万能之神。尤其是清代晋封“天后”，神职至尊无以复加，叠封徽号长达64

字，为前所未有。另外，妈祖还享受国家最高礼节的祀典。在当时，能够享此殊荣的除了皇帝只有三人，妈祖为其中唯一的女神，另外两位是享有文圣人之称的孔子和享有武圣人宠誉的关帝。

既然为神，免不了会有宗教归属的问题。妈祖神性超凡，信众祀奉虔诚，自然引来各教派的争夺。中国的传统宗教道教

湄洲妈祖祖庙大牌坊

自宋代即视妈祖为道教神，这与宋代崇道的社会风气也是一致的；元代礼佛，又说妈祖是观音大士的化身。不过更多的人还是把她视为道教神祇，也许是因为同是生于本土，有着割不断的联系吧。

“灵妃一女子，瓣香起湄洲。”宋代文学家刘克庄在诗中所写的就是妈祖，并点明妈祖信仰肇自福建湄洲。创建于北宋仁宗天圣年间的湄洲妈祖庙，是世界上所有妈祖庙的祖庙（图见

P064～065），经明清两代多次修建，形成了规模庞大的建筑群。作为广大信众敬奉祭拜妈祖的场所，每年农历正月十五、三月二十三和九月初九，妈祖祖庙都会成为举行传统庙会纪念传奇女神妈祖的圣地。庙会上的种种活动，也多围绕着颂扬妈祖神迹、祈愿妈祖庇佑展开。

庙会期间也总少不了古老的莆仙戏和木偶戏，会有多个剧团轮番演出，有时观众云集，人山人海，有时台前空无一人，

抬神出游图

但只要主人不叫停，演员就照演不误，因为这也是演给神祇看的。抬神出游（图见前页）是传统迎神庙会的重要一环，妈祖神出庙巡游更是妈祖庙会期间的重头戏。每到这时，人们会将受了一年供奉的各路神灵抬出宫庙与人同乐，众多神灵中，自然是妈祖最为显赫，乘坐在特制的轿椅中，伴着锣鼓、鞭炮声，在人们的前呼后拥下缓缓前进。每到一处，各家各户都会鸣炮烧香，祈求神灵保佑。巡游的队伍有时绵延数里，场面十分壮观。

2. 信佛尊善的佛教庙会

佛教神庙会最为突出的一个文化特征就是佛教文化的中国化。比如，佛祖在很大程度上吸收了中国的祖先崇拜文化；观音菩萨则更多地吸收了中国的女神崇拜、生殖崇拜，特别是子嗣意义上的信仰崇拜的文化；韦驮的护法意义更明显地吸收和改造了中国世俗文化。

由佛教寺庙的神像衍生的诸多故事，合理地运用中国传统的风物传说、人物传说来表现独特的信仰意义。同时，佛教在石窟、碑刻、庙宇诸方面的造神活动，以更宏大的气势影响、冲击着民间信仰。

正如学者指出的那样，佛教信仰之所以非常广泛地被中国民众所接受，一个很重要的原因在于它与中国世俗文化一样，同属东方文化，在文化个性上有许多相似之处。再者，它关于苦难和生命的哲学适于中国世俗的人生观。佛教信仰作为更高的、哲学意义上的人生经验的总结，在一定程度上启发和引导了中国人民如何克服和超越苦难。

具体到佛教神庙会，可以看出，庙会不仅是寺庙的节日，也是信仰者祈求与还愿的日子。

观音会在佛教庙会中极为突出。以昆明庙会为例，据调查，

昆明西山求子观音

昆明人特别崇奉观音，认为观音是救苦救难、大慈大悲的菩萨，所以昆明各寺庙都有观音塑像。昆明的观音庙香火特别旺，一年之中有三次观音会：农历二月十九日纪念观音诞辰；农历六月十九日纪念观音入佛门修行；农历九月十九日则为纪念观音成道。会期之时，昆明所有的寺庙全都开展祭祀活动。活动内容丰富，多为祈求赐福、消灾免难、求子、求平安等；活动形式各异，有烧香、磕头、诵经、拜忏、许愿、还愿、捐灯油、上供品、捐功德等。

最具特色、场面最大的是滇池西岸的观音山庙会。会期三天，每天都有成千上万人从周围各县赶来参加。他们做完上述佛事后，就在寺周山中对唱山歌(俗称“对调子”)，有单独对唱的，也有群体对唱的。很多对唱者都带着粮食、蔬菜和简易炊具在山上做饭吃，一直持续三天三夜才逐渐离去。也有的地方在会期会请花灯班或滇戏班演唱三天，场面热闹非凡。

我们以中国最早的佛教寺院白马寺为观照对象来看看佛教庙会的盛况。

西汉哀帝元寿元年（公元前 2 年），佛教传入中国；东汉永平十一年(68)，第一座佛教寺院白马寺兴建。两晋南北朝时期，洛阳地区佛寺大盛。传统的民间庙会也渐被佛教活动的“行佛”“六斋”等佛事所代替。据《洛阳伽蓝记》记载，每逢“浴佛节”，即民间所传说的“四月八”释迦牟尼生辰，洛阳市内大小寺院都要把佛像抬出来沿街“巡行”，让佛祖体察民情，惩恶扬善。“巡行”的队伍浩浩荡荡，锣鼓喧天，前有“狮子”引路，后有“百戏相随”，一时间洛阳街头“奇伎异服，冠于都市；像停之处，观者如堵”，“歌声绕梁，舞袖徐转；丝管廖亮，谐妙入神”，“梵乐法音，聒动天地；百戏腾骧，听在骈比”，“飞空幻惑，世所未睹；异端奇术，总萃其中”，“五光十色，目乱睛迷”。

这是古文献中第一次如此详细地描绘古庙会盛况，可以看到，早在北魏时期，以敬佛为主要内容的庙会就已经对人们的文化生活产生了重要的影响。发展到今天，它已经成为地道的物资、文化交流大会，也成为佛教徒相互间的交谊活动。

洛阳白马寺

白马寺今天的规模是明嘉靖年间形成的。寺内采用对称布局，主体建筑集中在中轴线上，从南向北依次为山门、天王殿、大佛殿、大雄殿、接引殿和清凉台。其中，被称作“空中庭院”的清凉台是白马寺庙会的中心。台上有苍劲的古柏、雅丽的花坛。台上所设毗卢阁内，存有一个大藏经柜，传说当年白马驮回来的佛经就珍藏于此。台前有几个砖砌的香火炉和铁铸的香炉，炉前摆着供品。每当一批善男信女赶来拜佛、许愿、还愿时，都会有阵阵鞭炮和乐器声响起。

白马寺进香人群

佛门弟子的佛事活动是白马寺庙会的基本特色，不过民间信众的参与热情更高，前来求子、还愿的人络绎不绝。民间信众把佛作为神灵崇拜的热情长盛不衰。随着时代的发展，各种生产工具和生活用品的买卖成为庙会的一部分。除了相传的农历正月十五日的大会，每月逢“三”日（即初三、十三、二十三）都有物资交流大会。另外，佛教节日如农历四月初八“浴佛节”、农历七月十五“盂兰盆会”期间也都有庙会。佛事与民事的融合是白马寺庙会最突出的特点之一，这使得白马寺庙会不再似往日单纯以僧人为主体，而成为带有应用于民的色彩的活动。

虽然日益与民事相融，白马寺庙会还是保留了不少具有典型佛教色彩的重要节目，如“演净”“引魂”“拜忏”和“放生”等都盛传不衰。这也是佛教七月十五日“盂兰盆会”中的重要步骤。

盂兰盆是梵文“Ullambana”的音译，“盂兰”是“倒悬”的意思，形容苦厄之状；“盆”是指盛供品的器皿。佛教认为供此器皿可解救已逝去父母、亡亲的倒悬之苦。“盂兰盆”也就是“解倒悬”之意。关于盂兰盆节的来历，佛典中记载了这么一个故事。释迦牟尼的十大弟子之一目连，得到六通（六种智慧）后，想报答父母的养育之恩，即用道眼观察，看到已逝去的母亲在饿鬼道中受苦。于是，目连请求佛祖解救自己的母亲。佛祖指点目连在七月十五日摆设盂兰盆，以百味饮食供养十方

白马寺行法僧人

僧众，依靠众僧的道力才能救出他的母亲。目连照佛祖的指点去做，使母亲摆脱了厄难。由此可见，佛教的七月十五的盂兰盆节，有两层涵义，一是教育人们要供养宗教僧众，二是教育人们多做善事超脱先人罪孽，并提倡孝道。

盂兰盆会在农历七月十五举行，这之前的几天会先建“中元坛”“普施坛”和“孤魂坛”三坛。当天早晨，在唢呐乐队的伴奏下，一队行法僧人开始登场“演净”，即净坛后开坛，求佛下界；然后进行“引魂”，即引鬼魂入坛待佛超度；再接着“拜忏”，依照《慈悲水忏》所载仪礼行事；晚上进行“普施”，放焰口，放河灯，烧法船和灵房，普度水中鬼魂。

焰口的全称为“瑜伽焰口施食”，是饿鬼之名，后等同于“放焰口”法事名称。“放焰口”即是向饿鬼施食。传说，有一天，阿难(佛陀十大弟子之一)正在修行禅定，饿鬼焰口对他说，三天之后阿难就要死去，堕入饿鬼道，如果想免去痛苦，就必须普施所有的鬼神。阿难从佛那里得到施食的方法普施众鬼，后来就有了放焰口的习俗。

放焰口的程序是，施主(或称功德主)选定一处场地，摆设好法坛，即“瑜伽坛”，将三张长条案摆成“U”字形，正面的称“主坛”。主坛的对面设“面然大士坛”和“灵坛”。准备好后，由座主领唱《杨枝净水赞》净坛，之后在座者依次礼拜烧香，诵《心经》《往生咒》等经文，齐唱《莲池赞》。唱罢后再到面然大士坛烧香，诵《大悲咒》等经文，唱《观音赞》。最后将面然大士纸俑和灵坛牌位烧掉，表示功德圆满，遣送亡灵脱离苦难。

放河灯和烧法船常在水中进行。河灯又称“荷花灯”，是用红纸糊成莲花瓣形的开放型灯笼。点燃里面的蜡烛，放进水中，意在救淹死的亡魂，给他们指路照明。法船也用纸做成，上面扎有楼房、金银财宝、舵、桨和水手等，十分精致。用火点燃后推向水面，意在超度众生渡过苦海，到达幸福的彼岸。

这几项活动一般都在夜晚进行，一方面是因为传说鬼魂常在夜晚出没，另一方面是因为火光在夜晚更为辉煌。

“烧灵房”白天夜晚都可以进行，意在为亡灵作“先锋”，提前到天庭为亡灵说情，请天帝尽量赦免亡灵罪过。它体现出佛文化和本土文化特别是本土鬼神文化的融合。

“灵房”是一种相当复杂的纸扎庭院模型，因社会环境、亡灵家境和身份的不同而有很大差异，有白纸、彩纸、金银箔之别。灵房制成之后，还要外配一个“赦马子”(或称“赦马公”)带路。赦马子是纸马上骑着的纸人，大小不等，担负着引导亡灵携“礼品”到天庭说情的重任。

除了七月十五日盂兰盆会，水陆法会、浴佛、行佛等也影响较大。

在白马寺和尚会的各种习俗中，僧人所主持的各项活动十分重要，而民间前来烧香拜佛的善男信女们的崇拜、祈祷活动，以及相随的各种民间文艺活动同样必不可少，只是后者多集中在白马寺和尚会的主会即正月十五会上。

四

比肩接踵　多彩庙会

庙会发展到近世，尤其是在都市范围内，更多地等同于庙市，呈现出世俗化特征。这是因为各种各样的庙会无论宗教色彩怎样浓厚，集市交易总是必不可少的内容，甚至往往“喧宾夺主”，成为很多庙会的重头戏。我们能够看到并亲身参与的现代庙会，或许仍以寺庙宫观为依托，但宗教色彩却日益淡化甚至消失，融入了更多商贸活动、世俗文化，这是历史与社会发展的必然结果。众多的庙会融入当地的社会生活当中，成为人们某一节点积极参与的世俗文化活动。

1. 老北京传统庙会

老北京的庙会可分为两大类：一类是有规定时日，商贩麇集，且有佛道等烧香祈拜活动的庙会，如农历三月初一至初三东便门内的蟠桃宫庙会；一类是商贩定期、定点汇集的集市性的庙会，多称“庙市”。

民国年间至 20 世纪 50 年代初期极盛行的是土地庙、花市、白塔寺、护国寺、隆福寺五大庙会。其中每月的农历初三、十三、二十三是土地庙会，初四、十四、二十四是花市庙会，初

传统逛庙会图景

五、十五、二十五、初六、十六、二十六是白塔寺庙会，初七、十七、二十七、初八、十八、二十八是护国寺庙会，初九、十九、二十九、初十、二十、三十是隆福寺庙会。

五大庙会中以东城的隆福寺和西城的护国寺两处庙会最大，俗称“东庙”“西庙”。庙会的盛况，《燕京岁时记》曾作过如下描述：“开庙之日，百货云集，凡珠玉、绫罗、衣服、饮食、古玩、字画、花鸟、鱼虫以及寻常日用之物，星卜、杂技之流，无所不有。”

由于东、西两庙庙会都在内城中，其形式与环境比之外城和城市周边的临时性庙会略胜一筹，且逐渐形成了自身特色。如护国寺庙会中的花局（即花店）和民俗手工艺，隆福寺庙会中的书肆（书店）和照相馆、电影院等的兴起，都具有一定的时代特色，反映了庙会形式与时俱进的新特点。

文化名家赵珩先生有一篇《京城庙会史话》，详尽述说了北京传统庙会的胜景，摘录如下：

以清代为例，北京一年四时都有庙会，其中正阳门前（在正阳门瓮城内）的关帝庙，香火最盛。自正月初一凌晨五更即有前往烧香者。初二是广安门外的五显财神庙庙会，仅初二一天求财者便达到数万人，拥挤不堪。白云观也是正月初一开观，但要到正月初八祭星日，游人才渐渐多起来，初八之前的繁华远不如正阳门关帝庙和广安门外的五显财神庙。十八、十九日是道家的“燕九节”，也是白云观游人最多、庙会最盛之期。正月十五上元节前后，正阳门五牌楼一带、内城西单牌楼、东安门大街、东四牌楼、地安门至鼓楼大街，商肆争挂新灯，衙署如工部、兵部、光禄寺都要挂上争奇斗艳的新灯。于是，趁市民观灯，也会形成临时性的商业网点，但不属庙会的范畴。

自正月过后，北京城几乎每月都有不同时间的临时性庙会，如二月初一至初五的太阳宫庙会（在崇文门外南岗子）。三月初一至初五的东便门内南河沿蟠桃宫庙会，“自崇文门以东至此，三里之遥，车马喧阗，人烟杂遝，有清明上河风景”。

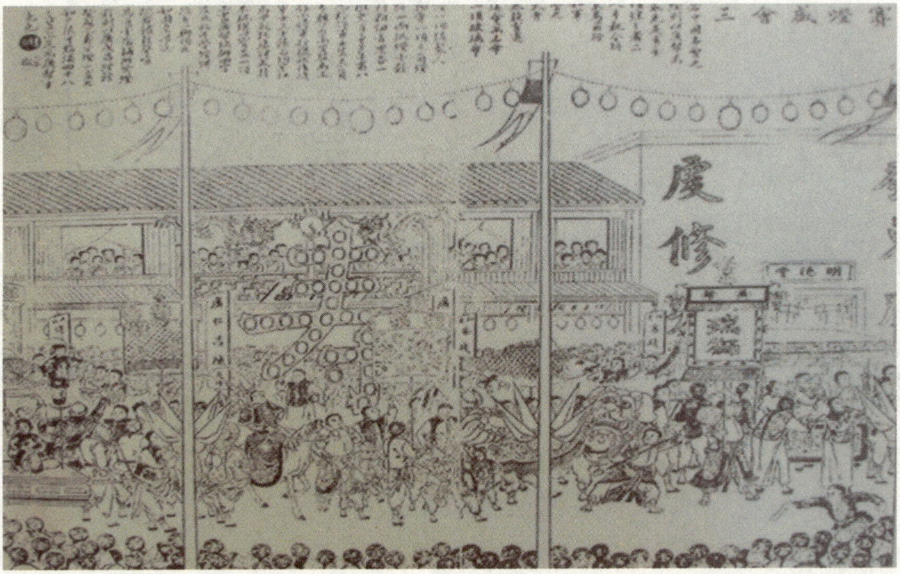

清末画报展示的赛灯盛会

四月初一至十五，是京西妙峰山碧霞元君祠开庙的日子。旧时，前往进香者能绵延百里，其最大亮点则是进香途中的茶棚和花会。四月里的重要庙会还有西直门外万寿寺庙会等。四月十八日的丫髻山庙会，其仪式之隆重，更是超过了妙峰山的碧霞元君祠。

妙峰山庙会图(局部)

五、六月间西城都城隍庙开放，宛平县城隍出巡，可达万人空巷，花会随行，百货杂陈。崇文门外卧佛寺、永定门南顶庙会，也都是五月间较大的庙会活动。六月初一是中顶庙会，地点在丰台区草桥附近。草桥是著名的花乡，故而中顶庙会看花买花成为庙会的特色。

九月初九重阳，古来有登高之俗，故而广安门外的法藏寺塔、彰义门外的天宁寺塔就成为人们登高所选，是时也有庙会形成。

农历九月以后，天气渐凉，已不适宜户外活动，京城庙会方逐渐稍歇，以待来年正月复始。

北京唯一不以寺庙宫观为依托的庙会当属厂甸。厂甸庙会兴起于明代嘉靖时期，迄今已有四百年的历史。虽然关于厂甸的资料我们仅能追溯到清代中叶，但其规模、特色都成为北京社会生活中不可或缺的内容。春节逛厂甸的社会阶层已不仅仅局限于市井，而是延及官宦士林。鲁迅先生自 1912（壬午）年初到北京，直至 1926（丙寅）年离京的十五年中，除壬午那年

厂甸赛灯盛会

会期已过外，几乎每年正月里都要逛厂甸，尤其是1913（癸丑）年春节，竟然去了七次之多。

厂甸庙会的形式与内容，可以说照顾到社会的各个阶层，如面向官宦大贾的文玩业，面向知识阶层的旧书业，面向宅门女眷的火神庙珠宝业，以及面向普通市民的民俗工艺、年画耍货、儿童玩具种种，让不同社会阶层的民众都能各取所需。

北京的庙会之所以得以流传，是因为它不断推陈出新，以适应社会的需求。北京庙会的形成和发展最初也与寺庙的宗教活动有关，在寺庙的节日或规定的日期举行，附设一些商业活动。久而久之，庙会渐成了老百姓的购货集会，主要功能是满足一般市民的生活需要，宗教活动倒是次要的了。

2. 旧貌换新颜的北京现代庙会

在北京，庙会活动多与春节密切联系，甚至不逛庙会不叫过年，庙会成为春节喜庆的一项重要内容。春节庙会不再限于某个寺庙、某些场所，而成为一种整体性的风俗。在春节这一特定的时间里，集休闲、娱乐、交流、购物于一体的庙会，成为丰富人们春节假期的一项具有吸引力、观瞻性和参与性的活动。

说到如今北京春节期间的庙会，真可谓百花齐放，争奇斗艳。这里，既有延续下来的传统庙会，比如东岳庙会、厂甸庙会；也有改革开放以来新办的庙会，如地坛庙会和龙潭湖庙会。无论属于传统庙会还是新办庙会，都既融入了部分传统形式，又开创了适应时代的新内容。

(1) 商贸活跃的地坛庙会

地坛春节文化庙会，是改革开放后北京恢复最早的庙会，闻名已久。尤其近年复现清廷祭天的场景，总能吸引众多媒体

● 地坛庙会舞狮表演

和民众的关注。每到春节，这里都会涌入大量人群，熙熙攘攘，穿梭在红墙碧瓦、苍松翠柏、坛台殿堂之间。琳琅满目的各色商品、天南地北的风味小吃、丰富多彩的文化活动，无不让人流连忘返。地坛庙会的出名，跟这里火爆的商贸活动密切相关。热点摊位往往通过招标竞价来确定，竞拍者踊跃，竞拍价也屡创新高，热点摊位的竞拍价甚至已成为大众关注的一个焦点。

商贸活跃的地坛庙会以较高的艺术品位和鲜明的民族特色享誉中外，其胜景被誉为“现代的《清明上河图》”和“中国的狂欢节”。

(2) 与时俱进的东岳庙会

除了商贸特征显著的地坛等庙会，北京城中原有的富有特色的庙会也相当多。东岳庙会和白云观庙会虽然都属于道教庙观，但在新时代的背景下，更多地显现出世俗特征。

东岳庙会是北京最古老的庙会之一，早在元代就已兴起，明清时尤为繁盛。东岳庙原是道教正一道在华北地区的第一大丛林，位于朝阳门外，占地约 71 亩，有房屋近 400 间，绝大多数为清代所建。建筑雄伟，在周边林立的现代建筑的衬托下分外引人注目。

在布局上，东岳庙分为正院、东院和西院三个部分。主要建筑都集中在正院的南北中轴线上。最南面是一座由黄绿两色带有浮雕的琉璃砖瓦所筑成的高大牌坊，高六七米，阔十数米，

东岳庙的琉璃牌坊

堪称一绝。原有山门，因道路拓宽被拆除，棂星门就成了如今的大门。进门之后，依次是瞻岱门、岱宗宝殿、育德殿和后罩楼等。

东岳庙内所供奉的主神是传说掌管人间一切贵贱、生死、福祸的东岳泰山神天齐仁圣大帝，所以无论是上层显贵还是民间百姓都争先恐后地拜之如狂。相传每年农历三月二十八日乃东岳大帝的诞辰，于是在农历三月十五日至二十八日，东岳庙

里都会举行庙会。这一风俗延续了数百年之久，在 1949 年后中断。

2002 年，东岳庙会开始恢复，于春节时举行，成为北京春节庙会的一个重要组成部分。主殿的东岳大帝还会接受香客们的香火和叩拜。两侧配祀的是所谓地狱阴司之神，号称“七十二司”，每一司都各有专名，左右对联均出自书法名家之手，往往能吸引香客、游览者驻足欣赏。

老北京流行一句顺口溜：“机灵鬼儿，透亮碑儿，小金豆子，不吃亏儿。”这说的就是东岳庙里的四个趣闻传说。如今，“不吃亏儿”对应的实物已不知所踪，其他三个都还有实物存在，也一直吸引着逛庙会的人们驻足观赏。

东岳庙会上的“金钱”

东岳庙东碑林里立有一座清顺治年间所刻《重建东岳庙金灯碑记》石碑，碑座的两侧分别刻着一个手持灯笼的小道童。据说雕刻得惟妙惟肖，不论从哪个方向看去，他们都像是正看着人笑，被人们称为“机灵鬼儿”。关于他俩的传说非常有趣：

一般而言，有寺庙之处，总有庙会；有庙会之时，总少不了商业买卖。东岳庙香火兴旺，长年不衰，自会有精明的商家临庙设摊，做善男信女的生意。话说不知从何时起，每到晚上，总会有两个小道童提着灯笼从东岳庙里出来，嬉笑玩耍，还常常到庙外的糖果摊赊糖吃。所谓“赊”，大家都知道，吃了不给钱，记账；或者是先吃后给钱。摊主见是庙里的道童，又活泼可爱，也就赊将起来。一次两次还行，时间一长，摊主就有点扛不住了——小本买卖嘛，斤斤计较不奇怪。怪的是，摊主想找这两个道童的父母或师父来结账时发现，这是两个没人认识的小孩！这可不是小事，摊主开动脑筋，打算拆穿这两个小孩的伎俩。于是，再一次赊糖给两个孩子之后，摊主便悄悄跟随其身后，要看看他们究竟住在哪里。不跟还好，一跟，更怪的事发生了。两个小道童分明是走进了东岳庙的大门，却转眼就没了踪影。摊主百思不得其解，第二天一大早又来到庙里，仔细搜索。转来转去，一无所获。丧气之余，偶然看到一通石碑的碑座上刻着个提灯笼的道童，面貌身形和赊糖吃的其中一个极其相似，转圈再找，果然，在另一侧碑座上发现了另一个道童的雕像！真相大白。摊主看到这两个道童笑眯眯的模样，气不打一处来：原来是你们

东岳庙会

俩年久通灵，来占我的便宜！别看你俩机灵，老子也不是善茬儿。久在庙外，耳濡目染，摊主也是略通法术的。于是，他找来纸张，糊住了一个道童的灯笼，又用线把另一个道童的一只脚给拴住了。从此以后，再没有人见到这两个打着灯笼的小道童出庙玩耍了。

这是民间传说，很多细节不堪细究——纸糊灯笼尚能做到，线拴童脚是怎么做到的呢？毕竟是在碑座上的浮雕，不是立体三维的塑像。

不过，民间传说是不纠结于这些内容的，它已经完成了它的文化意义，表述清楚了“机灵鬼儿”的由来。

民间传说多有异文，“机灵鬼儿”的典故也一样。在另外的版本里，赊账没有了，两个道童是一手交钱一手拿东西的(有说是糖的，也有说是臭豆腐的)，只是他们给的钱一到天亮就变成了冥钱，由此露了馅儿。

从这些传说来看，机灵鬼儿除了活泼伶俐、讨人喜欢之外，机灵劲儿实在是说不上有多高，至多属于暂时性地要了些小聪明，得逞于一时。终究还是被更加精明的“人”识破并化解了他们的把戏。

鬼精鬼精，终归没有人精。“机灵鬼儿”的故事，颇耐人寻味。

“透亮碑儿”指的是一块顺治七年立的石碑，碑头的盘龙造型采用了镂空工艺，站在碑前碑后的人们可以互相看见，故被人们称为“透亮碑儿”或“透龙碑”。

“小金豆子”就更受欢迎了。岱宗宝殿西侧走廊有块方石，上面露出闪光的小金点儿，被人们称为“小金豆子”。经鉴定，方石是因为含铜而显露金色，如今专门盖上玻璃罩加以保护。据说，从此石上跨过，来年可发财，逛庙会的人走到这里，无不实地操作，跨石祈福。

“借问祈福何处好，路人皆指东岳庙。”“福”文化也是如今东岳庙庙会的核心与特色。祈福成为东岳庙会的主题，围绕这一主题，有子时祈福、请红腰带、请福牌、画福布、绕福树、打金钟、摸铜特、摸玉马等活动。逛东岳庙会，最触动人眼目的就是系挂于甬路两侧及寿槐前的层层叠叠的福牌。祈五福，请福牌，走福路，戴福还家，已经成为东岳庙会的新民俗，广受欢迎。祈福迎祥是中国人历来的愿望和追求，在庙会期间，很多人会前去请一块福牌，焚香祷告，挂在东岳庙里，祈求平

东岳庙福路

东岳庙内系挂的福牌

安吉祥。

(3) 道风浓厚的白云观庙会

离开东岳庙，城南的白云观庙会也值得一看。白云观庙会是春节期间开放时间最长、香火最盛、最具特色的庙会之一。

白云观是北京最大的道观，位于北京西便门外，号称“全真第一丛林”。每年农历正月初一至十九日开展庙会活动，主要有“会神仙”“顺星”“打金钱眼”“摸石猴”等等。

“会神仙”“顺星”的宗教色彩十分浓厚，拜本命神求签卜问，祈求一年平安，和其他宗教场所基本相同。“打金钱眼”“摸石猴”也都是祈福行为，如今的参与者更多了游戏和娱乐的心态，倒也不失情趣。

白云观观门呈拱形，内圈饰有弧形石雕，其左下方有一石猴浮雕，传说摸了它可以清心明目，不患眼病，即使患病亦可

白云观春节庙会

痊愈。来逛庙会的人往往会摸一摸求个心理安慰。“摸石猴儿”就渐成为春节逛白云观的传统节目了。天长日久，这个小石猴儿被摸得锃光瓦亮，特别引人喜爱。

进得白云观大门，第一进院落中有三座石桥，桥下无水。中间一个桥洞两侧均悬挂一枚巨大的铜钱，铜钱中孔内系着一个小铜铃。在东西两侧桥畔，设有以现钞兑换已不流通的制钱的摊子(多为本观道士经营)，在摊子上兑换到制钱后，可在两侧桥面上瞄准五米开外的金钱孔上的小铜铃投掷，叫“打金钱眼”。谁能打得准，把铜铃打中打响，就预示着这一年会顺顺当

白云观窝风桥下的“金钱眼”

当，事事如意。距离较远，铜铃又小，能打中的，十无一二。不过很多人还是愿意试试“运气”，或是讨个彩头，或是凑凑热闹，这里也因此成为白云观庙会的一大景观。据说“打金钱眼”以前是白云观春节庙会的主要财源之一，可见参与者之众。

庙会期间的商贸活动，以出售香烛、纸箔、神像为主，其次是各种食品、儿童玩具等。民间花会、舞狮、高跷、旱船也来进香表演，锣鼓喧天，热闹异常。这是各处都能看到的共同景象了。

3．或以艺出彩、或以食引人的各地庙会

中国地域广阔，风俗各异。各地的庙会有风格相似之处，也有各自的地方特色。

(1) 休宁五猖庙会

相传朱元璋与陈友谅在皖南打过几年的拉锯战，死了不少士兵。朱元璋当了皇帝后，梦见阵亡的士兵要求抚恤，就命江南百姓造“尺五小庙”供奉他们。由于香火兴旺，久而久之，便形成了五猖神庙，传承至今。休宁的五猖庙会过去遍布各村。

旧俗农历五月初一是海阳镇的五猖庙会日，俗称“打猖会”。届时，烧香、游玩的四乡百姓纷至沓来，沿街店铺、茶楼、酒肆和民居，家家焚香点烛，祈求五猖神主驱鬼祛邪，保佑逢凶化吉。来自江西、浙江以及安徽其他地方的善男信女们，也纷纷背着香袋来赶会，一时间海阳镇东西两街挤满了南来北往的商贩，摊位绵延好几里长。

五猖庙会最富有民间乡土气息的是“游街”。“游街”由“会首”领头，前面有青、白、黑、黄、红各色彩旗开路，后面十景担、茶水担、黑白棍、肃静牌、万民伞，四人抬的大香案，

竹编的彩色食品篮，纸扎的猪羊牛马及楼堂等依次排列跟上。游街物品造型精巧，惟妙惟肖，琳琅满目，无奇不有。紧跟其后的是城郊各村前来助猖的民间剧团，装扮成历史故事、神话传说、传统戏剧中的各路英雄美人，千姿百态，争妍斗艳，正如人们所云："万方皆集会，百戏尽前来。"这时，鞭炮齐鸣、锣鼓喧天、唢呐声声、大鼓咚咚，好不热闹。

打猖会"游街"队伍的主体是杂耍队。杂耍艺人跟在戏队后面，个个精神饱满、器宇轩昂。领头的一个汉子头扎红巾，赤膊上阵，舞动一把三股钢叉，上飞下舞，左旋右转，忽而横身缠绕，忽而腾空小翻，把钢叉舞得呼呼作响，威风十足。杂耍的或舞剑弄刀，或打拳踢腿，或耍花坛拿鼎，无不令人赞叹。节目也是丰富多样、引人驻足。最令人叫绝的是耍火流星。只见火流星在身穿红衣套服的少年手中，一会儿如闪电迅疾，一会儿如金蛇吐信，一会儿似天女散花……忽然，只见他猛地一声呐喊，把火流星抛旋空中，一个鹞子钻天翻，又腾空跃起抓住，落地一个十八滚满场飞旋，又打了个"五猖哨"，扬长而去，令人赞不绝口。

在弦乐金鼓、鞭炮噼啪、烛光摇红、香火缭绕之中，披红挂绿的五猖神主的偶像在人们的簇拥之下被抬进了庙堂。晚上，戏场灯火辉煌，戏台顶棚上高悬一面杏黄大旗，两旁排着赤、橙、青、蓝、紫等各色彩旗，徽班艺人大显身手，赶庙会的人们更欢悦了。

(2) 苏州玄妙观庙会

与五猖庙会不同，苏州玄妙观的庙会则是另一番面貌。据史料记载，明代天启年间玄妙观前已有露天书场之类。清代，集市尤胜，春节庙会时，除了"杂耍诸戏，来自四方，各献所长，以娱游客之目"(《清嘉录》)的盛大文艺表演，玄妙观庙会最富地方特色的是各种吃食店，诸如小米子糖、汆鱿鱼、熏鱿鱼、凉粉、藕粉、千张百叶、酒酿圆子、豆腐花、糖粥、梅花糕、海棠糕、焐酥豆、五香茶叶蛋、鸡鸭血汤等，以色、香、味、廉相争于市。

小吃店旁的几家茶馆，从清早起便坐客满堂，茶客们一面品茶，一面吃点心。卖零食的提篮小贩川流不息地在茶座之间来回叫卖，成为庙会的一种经营特色。

玄妙观主殿是三清殿，建于南宋时期，是江南最大的木构古建筑。三清殿内是传统的年画市场，过去大多由桃花坞木刻社供货，春节庙会期间，总是门庭若市。

苏州玄妙观主殿三清殿

此外，过去玄妙观东侧的牛角浜是算命、相面、测字的集中地，也有一些挂着“祖传秘方”招牌的江湖郎中在此行医。于是吃食书画、江湖杂耍、医卜星相如众川赴海，云集于此，终日熙熙攘攘，游人如潮，构成了一幅玄妙观庙会的风俗画。

(3) 绍兴黄老相公会

绍兴庙会分陆会和水会两种，陆会与其他地方大同小异，水会则是因绍兴水乡泽国的特殊地理环境而兴。别具一格的“黄老相公会”则属于水会的一种。“黄老相公会”每年农历五月十六日在偏门外蒋家溇举办，是一个规模较大的水会。蒋家溇紧靠鉴湖，沿岸有几百个村庄。本来绍兴人只信蒋家溇的“黄老相公”能治病驱邪，后来，有的民众居然把黄老相公当作财神

绍兴鉴湖

张老相公看，跑到蒋家溇去许愿求财运。此后蒋家溇的黄殿便门庭若市，香火盛极一时。水会的迎神队伍及次序与陆会基本相同，不同之处在于菩萨的供棚搭在河里，三面临水，一面靠岸，而且由于以船为交通工具，故服饰、表演具有水乡特色。

(4) 上海龙华庙会

据《中国名城汉俗大观》记载，上海旧时庙会以龙华寺庙会最为突出，于农历三月举行。自三月初三起，方圆百里的男女老少，“陆行骑马水行舟”，蜂拥而至。寺内香火日旺，至十五日达到高潮。寺内香烟袅袅，寺外集市兴隆。

上海龙华寺

“年年士女春三月，忙煞烧香吃素斋。”诗句生动地描绘了龙华庙会的盛况。近代，寺旁新辟公路，庙会期间车水马龙，与会者络绎不绝；龙华港水面上，仍行舟济济，头连尾搭，绵延数里。

其时，集市贸易颇为兴盛，摊铺逾千，所售商品以竹木瓷铁杂用品为主，品种繁多，经济实用。饶有趣味的是，买卖常伴有民间杂艺表演，如卖梨膏糖的，时而唱几段《金陵塔》；售竹笛的，间或奏几曲江南小调；更有驯兽、木偶、皮影等表演穿插于买卖吆喝之中，令人应接不暇。整个庙会热闹非凡。

结束语

庙会，从远古衍生，经过历代的发展、演变，沉寂、复兴，修正、适应，已经成为一种集经济、文化、宗教等多种元素于一体的特殊社会现象，在人们的生活中扮演着不可或缺的重要角色。传统庙会凝聚了丰富的民族文化的内容，比如敬祖追宗、崇尚正道忠义；也积淀了不少有些沉重的精神内容，比如处处可见的求子延续香火、禳灾辟邪。现代庙会融入了更多的新兴元素，成为人们休闲、购物、娱乐的热闹去处，点缀并丰富了人们的精神和物质生活。

当前社会日益多元化，庙会也日渐呈现出不同于以往的面貌，这种现代化的改造对庙会的发展无疑是有益的。从庙会诞生之日起，它就是为社会服务的，民众的参与是它存在、发展的基础。提供更多民众喜闻乐见的形式，突出各自的地域特色，也必将成为现代庙会的主流。

附录

中国历史年代表

五帝			约前 2900— 约前 2000	
夏			约前 2070— 前 1600	
商	商前期		前 1600—前 1046	前 1600—前 1300
	商后期			前 1300—前 1046
周	西周		前 1046—前 256	前 1046— 前 771
	东周			前 770— 前 256
	春秋			前 770— 前 476
	战国			前 475— 前 221
秦			前 221— 前 206	
汉	西汉		前 206 —公元 220	前 206—公元 25
	东汉			25—220
三国	魏		220—280	220—265
	蜀汉			221—263
	吴			222—280
晋	西晋		265—420	265—317
	东晋			317—420
南北朝	南朝	宋	420—589	420—589
		齐		479—502
		梁		502—557
		陈		557—589

续表

	北朝	北魏	386—581	386—534
		东魏		534—550
		北齐		550—577
		西魏		535—556
		北周		557—581
隋			581—618	
唐			618—907	
五代	后梁		907—960	907—923
	后唐			923—936
	后晋			936—947
	后汉			947—950
	后周			951—960
宋	北宋		960—1279	960—1127
	南宋			1127—1279
辽			907—1125	
金			1115—1234	
元			1206—1368	
明			1368—1644	
清			1616—1911	
中华民国			1912—1949	
中华人民共和国			1949—	

《中华文明史话》彩图普及丛书

书目

文明起源史话

黄河史话

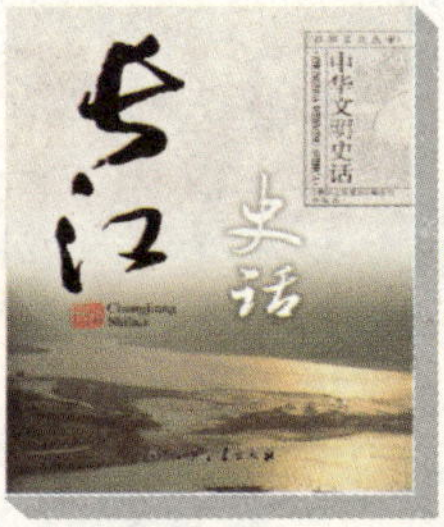

长江史话

长城史话

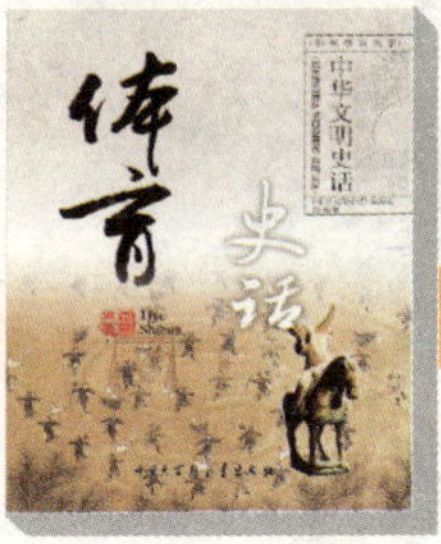

体育史话

杂技史话

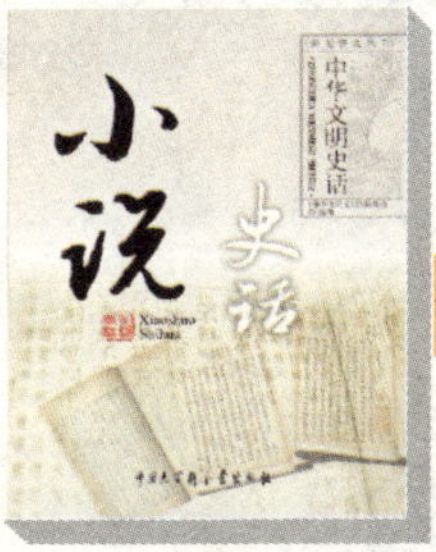

小说史话

饮茶史话

书法史话

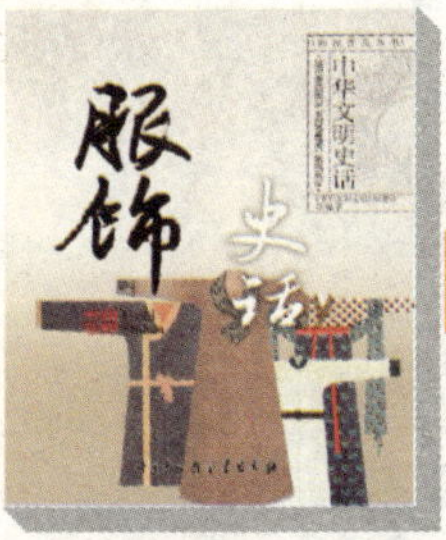

服饰史话

古塔史话

西藏宫殿寺庙史话

七大古都史话

故宫史话

民居史话

饮酒史话

绘画史话

诗歌史话

园林史话

孔庙史话

武术史话

戏曲史话

瓷器史话

敦煌史话

陶器史话

丝绸史话

汉字史话

节日史话

天坛史话

民族乐器史话

颐和园史话

圆明园史话

庙会史话

京剧史话

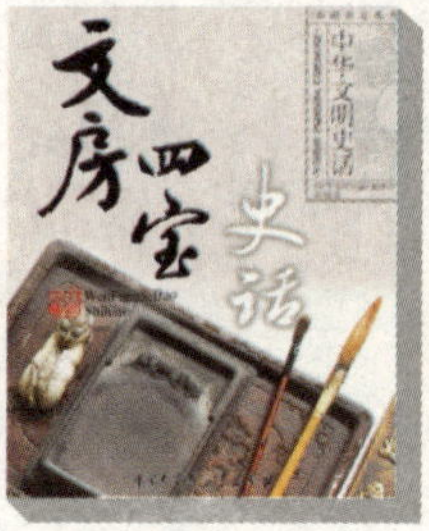

文房四宝史话

剪纸史话

《中华文明史话》彩图普及丛书